教職ベーシック

新2版 発達・学習の心理学

柏崎 秀子 編著

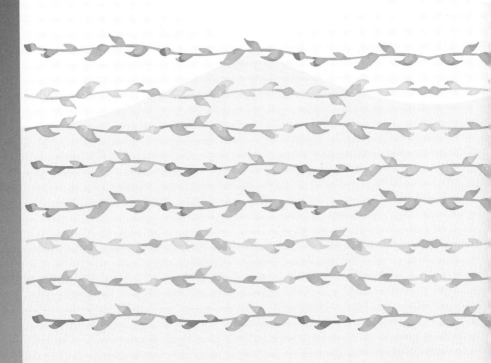

Basics of Teacher Training

北樹出版

はしがき

　本書は、主に教職課程で教育心理学をはじめて学ぶ学生を対象に、「幼児、児童、生徒の心身の発達及び学習の過程（障害のある幼児、児童、生徒の心身の発達及び学習の過程を含む）」に相当する科目で使える教科書として作られました。

　はじめてこの分野を学ぶ読者の方々の学びやすさを強く意識しています。重要事項を着実に修得できるよう構成を工夫し、その後に学ぶ具体的な教育活動や教育支援の学習へと発展するための基礎固めを目指します。さらに、教員採用試験に備える際にも、また教職に就いた後も、教育現場の課題の理論的背景を確認するのにも、役立つことを願っています。

　大学の半期授業で完結できるように、また、十分に学んだ達成感を得られるようにと、発達・学習・障害の三部構成で、上記の内容に絞り込んだコンパクトな作りにし、基本的な重要事項を中心に簡潔でわかりやすい解説を心がけました。各章・節の構成についても、冒頭には導入部分を設けて内容へといざない、各節末には「まとめ」を置いて、ワークブック的要素も盛り込んで穴埋め式で、その節で学んだ要点が確認できるようにしました。また、コラムでは関連する理論や最新の教育現場とのかかわりなどを紹介し、各章末では発展学習に向けて、通常の文献紹介だけでなく、映画やネットサイトや小説なども取り上げて、読者の学びの広がりを支援しています。

　このような企画に共感し、本書の出版を勧めてくださった北樹出版社長の木村哲也氏に、そして、常に温かく執筆を支えてくださった編集部の福田千晶氏に心より感謝申し上げます。

　本書が、読者の方々にとって、教育と発達・学習の心理学への関心を深めて、さらなる学びへと発展するきっかけとなることを願っております。

2010 年 1 月　春に向かう芽吹き頃に

編著者　柏崎　秀子

● 目　　次 ●

◇◇◇◇◇◇◇◇◇◇ **第 I 部　発　　　　達** ◇◇◇◇◇◇◇◇◇◇

◇◇◇◇◇◇◇　第Ⅱ部　学　　　　習　◇◇◇◇◇◇◇◇

◇◇◇◇◇◇◇◇ **第Ⅲ部　障　　　害** ◇◇◇◇◇◇◇◇

教職ベーシック
発達・学習の心理学
［新2版］

Chapter 序 教職で心理学を学ぶ意義

*　　*　　*　　*　　*　　*

　私たちはヒトとして生まれただけでは人にはなれません。社会のなかで周囲の人や環境と関わり、経験を通して多くのことを学習していきます。ヒトが人になっていく過程、それこそが人間の発達です。組織的な教育も行われます。教師になるためには発達や学習のしくみを知ることが不可欠です。さあ、発達と学習の心理学でその第一歩を踏み出しましょう。

第1節　ヒトから人へ

　今、この本を読んでいるみなさんは、生まれてから少なくとも20年程度またはそれ以上の年月が経っているでしょう。生まれてから自然に独力で今の状態になったでしょうか。今に至るまで、みなさんのまわりには、家族や先生や友だちなどたくさんの人々が存在し、さまざまに関わってきたはずです。その環境のなかで、みなさんは実に多くの経験をしてきたことでしょう。それらを経て、今の自分があるのです。ヒトとして生まれても、ただそれだけでは人にはなれません。つまり、生まれたばかりの赤ちゃんは、動物のひとつの種のヒトとして生物学的な存在ですが、社会の一員である社会的存在の人間となるためには、社会・文化のなかで人々と関わり、経験や知識を得る必要があるのです。

　人間はほかの高等な哺乳類に比べて非常に未熟な状態で生まれます。高等哺乳類の新生児は、人間より短い妊娠期間ながら、生後まもなく自分で移動でき、比較的自力で生存できる能力を発揮します。一方、人間がその状態になるには生後1年間はかかります。つまり、本来なら母胎内で発育すべきところを、人間は未熟な状態で早く生まれる、ということを意味します。ポルトマン

	下等な組織体系の動物	高等な組織体系の動物	人　間
妊娠期間	非常に短い (たとえば 20 〜 30 日)	長い (50 日以上)	長い (およそ 10 か月)
1 胎毎の 子の数	多い (たとえば 5 〜 22 匹)	少ない (たいてい 1 〜 2 匹)	少ない (一般的に 1 人)
誕生時の 子どもの状態	未成熟・就巣性 (巣に座っている)	成熟・離巣性 (巣に立っている)	未成熟・二次的就巣性

(Portmann, A.) はそれを**生理的早産**と呼びました。

　みなさんは未熟ということばを聞くと、弱々しい感じや力がない感じなど、あまり肯定的な感じはもたないかもしれません。たしかにその面もありますが、もう一方で、未熟さは大きな可塑性と発達可能性をもっている、ともいえます。

　たとえば、生理的早産もそのひとつで、ヒトが人になるための重要なメカニズムです。刺激が乏しい胎内よりも、非常に多様な刺激に満ちた外界にふれることができ、それに適応した行動が形成できるからです。また、未熟で自力では生存しにくい状態で生まれることは、まわりのおとなが手厚く養育することを前提としているともいえます。人の発達には人とのかかわりが不可欠なのです。

　無力にみえる赤ちゃんも、実は大いなる有能さを秘めています。社会的な存在になるために、人とのかかわりを作っていくのに好都合なしくみが生得的に組み込まれているのです。赤ちゃんは刺激を受け取るだけではなく、おとなの行動を引き起こしてもいます。たとえば、赤ちゃんが微笑むと、おとなは微笑み返さずにはいられないでしょうし、いつのまにかあやしかけているはずです。それがまた赤ちゃんの次なる動きを引き出したり、さらにはおとなを呼ぶために意図的に笑うように発展したりします。私たち人間はどのような能力をもっていて、どのようにやりとりしていくのでしょうか。そして、そこにはどのような要因が関わっているのでしょうか。そのような発達のメカニズムを知っておくことが教育には大切です。

人間は成人になるまで実に長い年月が必要で、長期にわたって未熟な状態が続きます。ブルーナー（Buruner, J. S.）は、長期にわたる未熟性にこそ人間の発達の特徴が凝縮されていると、言っています。多様で複雑な環境のもとで、親や家族や教師や友だちなどと社会的なやりとりを行い、多くのことを学習していきます。社会的な相互作用は、前段落で例示した赤ちゃんの場合だけでなく、幼児にも児童にも青年にもそしておとなにも生じているはずです。ですから、働きかけや相互交渉としての教育の役割は重要です。もしも働きかけが行われないと、本来備わっているはずの能力ですら発現できない場合がありえます（たとえば、第1章コラムの社会的隔離児の事例）。

　教育に携わるために、生物学的存在から社会的・文化的存在になる過程やメカニズムを、発達と学習という枠組みで学びましょう。

∴∵∴∵∴ 第2節　教育のための心理学として ∵∴∵∴∵

　教育は学習者と教師が、学習者同士が関わって行われる複雑な活動です。よりよい教育のためには、人間の心や行動を解明する心理学の観点をもつことが有意義です。

1. 対象を知る

　何をするにも、まずその対象を知ることが必要です。教育では、学習者である子どもの様子を知ることが求められます。子どもの発達的傾向を知り、実態を理解し、それに合わせて、どのような水準で教育を行うかを考えるのです。

　子どもは決して「小さなおとな」などではなく、独自性をもった存在です。みなさんは子どもの思いがけない発想や発言に驚かされた経験があるでしょう。おとなと発達途上の子どもでは、目前の事態をどう認識するかが異なります。幼児、児童、青年にはどのような特徴がみられ、どのように変化するでしょうか。

　本書の第Ⅰ部は発達です。まずはそのような一般的な発達傾向を知って、学習の対象者である子どもへの理解を深めてください。

2．働きかけの基礎を知る

　教師は学習者に働きかけを行い、学習者はその働きかけに反応します。学習者の反応次第で、教師の次の働きかけも変わっていくでしょう。教育は教師と学習者が継続して相互に交渉する過程です。

　教師が働きかけるためには、まず学習の基本的なしくみを知る必要があります。私たちは物事をいかに学ぶでしょうか。幼児が基本的生活習慣を身につける場合、スポーツで上級者を参考に技を習う場合、新しい漢字や単語を覚える場合など、どうなっているでしょうか。また、苦手な科目にいやいや取り組む場合もあれば、大好きなゲームを攻略しようと時間が過ぎるのも忘れて没頭する時もあるでしょう。学習にはそのような「やる気」も関係しています。

　本書の第Ⅱ部は学習です。各教科の学習に限らず、心理学では広い意味で学習をとらえて、そのしくみを探っています。働きかけを考えるために、基本的な学習のメカニズムを学んでください。

3．多様性を知る

　教育を行うには、一般的な発達傾向に加えて、学習者の個人差・個性を知ることも大切です。同じ年齢であっても、教室の級友はそれぞれに個性があり異なっています。人により得意不得意もさまざまでしょう。また、生活や学習上うまく機能しない面があるかもしれません。したがって、学習者それぞれが求めている教育的な援助も多様であり、教師はそれをよく見きわめる必要があります。

　学習者の個性と教え方との関係については、**適性処遇交互作用**（**ATI**：Aptitude-Treatment Interaction）と呼ばれる現象があります。学習者の個性（適性）によって教授法（処遇）の効果が異なる、ということです。つまり、誰にでもベストな教え方ではなく、学習者によって効果的な教え方は違い、教授法 X が効果的な人もいればそうでない人もいるし、別の教授法 Y が効果的な人もいるのです。なお、ここでの個性とは、学習者の学力や知能だけでなく、性格や物事の取り組み方（認知スタイル）などさまざまなことを含みます。

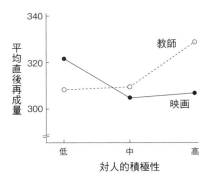

図序 -1　ATI の例〔Snow & Seiber, 1965；大村, 1996〕

　このことから、教師は学習者の個性に応じた教え方・働きかけを探ろうとすることが大事だといえます。学習者の多様性を知り、その学習者の課題は何か、課題に対処するにはどうしたらよいかを検討できるようになってください。

　また、学習者の多様性には、心身の障害ということも含まれます。各障害の特徴を理解して、よりよい支援につなげていきましょう。

　本書の第Ⅲ部は特別支援教育ですし、第Ⅰ部や第Ⅱ部にも学習者の個人差に関わる項目がありますので、多様性について学んで、よりよい教育のあり方を考えてください。　　　　　　　　　　　　　　　　　　　　　　　　（柏崎　秀子）

　　　　　　【引 用 文 献】

ブルーナー, J.S.　鈴木祥蔵・佐藤三郎（訳）(1963). 教育の過程　岩波書店
大村彰道 (1996) 教育心理学 1 ——発達と学習指導の心理学　東京大学出版会
ポルトマン, A.　高木正孝（訳）(1961). 人間はどこまで動物か——新しい人間像のために　岩波書店
Snow, R. E., Tiffin, J. & Seibert, W. F. (1965) Individual differences and instructional film effects. *Journal of Educational Psychology*, **56**(6), 315-326.
山添　正 (1990) 心理学から見た現代日本人のライフ・サイクル——生涯発達・教育・国際化　ブレーン出版

発　達

Chapter 1 発達の原理

* * * * * *

　発達ということばは、みなさんが日常で使って知っているはずです。また、自分自身の発達のこれまでをふり返ることができるでしょう。では、改めて発達とは何かを考えてみてください。発達にはどのような特徴があり、どのような要因が関わり、どのような過程をたどるのでしょうか。このように問われると、意外に難しいかもしれません。心理学では発達をどのようにとらえるのでしょうか。まず、発達の原理を学び、発達と向きあいましょう。

第1節　発達とは

1. 発達の定義

　みなさんは発達と聞くと、子どもがしだいに大きくなり、さまざまなことができるようになると思うでしょうか。私たちは生まれてから死に至るまで、常に変化し続け、一日として同じではありません。小さい子どもの変化は目に見えて大きいですが、本書を読んでいるみなさんも中高年の人たちも変化し続けています。

　発達 (development) とは、受精から死に至るまでの心身の形態・構造・機能に関する質的・量的な変化をいいます。これは、成人するまでの上昇過程だけでなく、それ以降の下降過程も含まれ、一生涯の変化を指します。また、量の増大・減少だけでなく、質の面にも着目して変化をとらえます。たとえば、身体は大きくなるとともに、おとならしく変わるでしょう。

　なお、発達と似た言葉で「**成長**」があります。成長は、量的に増大する変化を指し、主に青年期までの時期に使われることが多いです。発達との違いに注意してください。

発達は単に以前できなかったことができるようになり、その力が強まるだけではありません。獲得される機能もあれば、消失する機能もあります。乳児期の反射が良い例です（第2章参照）。そして、消失といっても、何かができなくなるという消極的な意味ではなく、より高いレベルの機能が現れる前提である場合が少なくありません。発達は一方向に進む単純な過程ではなく、獲得と消失が関係しあって進む複雑な過程なのです。では、発達の基礎を学びましょう。

2．発達の一般的特徴

発達には、いくつかの一般的な特徴があります。

（1）**分化と統合**：心身の機能は次第に細かく分かれていきますが、一方で、それらが全体としてまとまりをもちます。たとえば、最初、手はグーで握った状態ですが、徐々に個々の指を動かせるようになり、かつ、全体として無駄のない動きができるようになります。

（2）**方向性**：発達には一定の方向性があります。たとえば、身体は頭部から尾部へ、中心部から周辺部（末梢部）へ発達します。

（3）**順序性**：一定の順序に従って発達します。どれかを飛び越えたり、順番が逆になったりしません。たとえば、歩けるようになるには、首の安定→上体起こし→座る→はいはい→つかまり立ち→立つ→歩く、の順序で発達します。

（4）**連続性**：発達は途切れることなく連続して変化しています。

（5）**個人差**：発達は個人によって違いがあります。

（6）**異速性**：発達の速度は各側面で均一ではなく異なります。特定の時期に特定の側面がよく

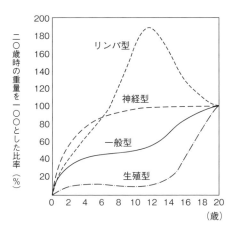

縦軸：二〇歳時の重量を一〇〇とした比率（％）

リンパ型

神経型

一般型

生殖型

0 2 4 6 8 10 12 14 16 18 20（歳）

図1-1　スキャモンの発達曲線（Scammon, 1930より作成）

発達します。たとえば、スキャモンは身体部位について 4 種類の型に分けて、その速度を**発達曲線**で示しています。図 1-1 でみるように、神経系は早い時期に成人の状態に近づくのに対して、生殖系は 10 代半ば以降から急速に発達しており、それぞれに速度は異なっています。

3. 臨界期と初期経験

序章でみたように、子どもたちは人々と関わり多くの刺激を受けて発達します。みなさんは何かの経験が後に影響したと感じることがあると思いますが、その影響は幼少期であればなおさらです。そして、その人がどのような発達状態にあるかによって、経験の影響は異なります。

発達には特定の時期に特定の刺激を受ければ有効ですが、その時期が過ぎるとその行動が生じない、限られた時期が存在します。それを**臨界期**といいます。発達の初期を臨界期として、その後の発達に決定的な影響をもたらす経験は、**初期経験**と呼ばれます。

臨界期の考えは、**刻印づけ（インプリンティング、刷り込み**ともいう）の現象によって支持されます。刻印づけは比較行動学者のローレンツ（Lorenz, K.）が発見した現象で、離巣性鳥類（カモのように孵化直後に移動できる鳥）のヒナが孵化直後の一定期間内（2 日以内）に最初に出会った動く対象の後を追うようになることです。臨界期を過ぎてから実の親を見たとしても、ヒナは親を追尾しないのです。追尾に関する遺伝的なプログラムが環境と出会うことで発達する例といえます。

では、人間の場合はどうでしょうか。同様のことが認められる場合も多いですが、後に述べるように、特定の時期を過ぎても回復可能な場合も少なくありません。臨界期として絶対的にとらえるよりも、敏感期や最適期のように相対的にとらえるとよいでしょう。なお、初期経験・臨界期の概念は、単に学習時期が早いほどよいと誤解されがちですが、発達状態に応じて最適な時期に働きかけるべきでしょう。さらに、人間の発達では臨界期はひとつではなく、機能によって臨界期はさまざまにありえます。たとえば、青年期は自分とは何かを見つけるパーソナリティー形成の重要な時期ですから、みなさんもじっくり自

分について悩んでください。

> 【ま　と　め】
>
> 　発達は受精から（　　　）までの心身の量的・（　　　）な変化で、一方
> 向でなく獲得と消失が絡む複雑な過程です。発達には一般的な特徴があり
> ます。また、特定の時期を逃すとその刺激が有効でなくなる（　　　）とい
> う時期があります。これはカモのヒナが追尾行動を獲得する（　　　）の現
> 象と関連しています。

第2節　発達の要因

　今のあなたを形作るのは、親からの遺伝か、育った環境のどちらでしょうか。
これは「成熟か学習か」ともいわれます。発達を規定する要因を考えましょう。

1. 遺　伝　説

　「かえるの子はかえる」のことわざがあるように、発達は遺伝的形質の違い
による、との考え方が古くからあります。**遺伝説**は**生得説**や**成熟説**とも呼ばれ
ます。各特質がいかに発達するかは生まれつき決まっていて（生得的）、外界刺
激とは無関係に、各特質がある時期に発現する、と考えます。つまり、あらか
じめ組み込まれた発達の道筋をたどる、成熟によって規定される、とします。

　遺伝説は以下の諸研究から支持されます。家系調査法では、ゴールトン
（Galton, F.）がダーウィンやバッハなどの天才の家系を調べ、一族に天才が多い
ことから遺伝要因の重要性を説きました。動物実験では、迷路で迷いやすいネ
ズミ群と迷いにくいネズミ群とを、それぞれの群内で数世代かけて交配させ、
両者の違いが導かれています。双生児法では、ゲゼル（Gesell, A.）の階段上りの
研究が有名です。一卵性双生児の一方の子にだけ生後45週めから6週間階段
上りを訓練したところ、訓練を受けた子だけが徐々に上れるようになりました。
しかし、一方の訓練の終了後に、他方の子は生後53週目から2週間だけ訓練

を受けたところ、早期から訓練を受けた子にたちまち追いつき、2人の階段上り成績のあいだには差が見られなくなったのです。このことは、発達が訓練によってではなく、成熟によることを示しています。

2. 環 境 説

環境によって発達が規定されると考える**環境説**もあります。「朱に交われば赤くなる」のことわざがあるように、その育った環境によって、経験や学習の結果によって、個人差が決まる、と考えます。

環境が発達に絶大な影響をもたらすと主張したのはワトソン (Watson, J.) です。「健康な赤ん坊と特別な養育環境が与えられるなら、その子の能力や親の職業に関係なく、どんな職業の人にでも育ててみせる」と述べたといわれます。

また、**野生児研究**からも、環境の影響を知ることができます。20世紀初頭に、インドの密林で発見された2人の少女、アマラとカマラの事例が有名です。救出後の記録によれば、人間として生活するのに必要な知識や技能はたいして発達しなかったそうです (ただし、記録の信憑性には議論がありますが)。

さらに、序章でふれたように、ヒトが人になるには人間社会の環境刺激が必要です。**社会的隔離児** (コラム参照) はその刺激が非常に限定された状態で育ちましたが、救出後に手厚い多様な環境刺激を受けたことで、急速に発達していったそうです。人間の形質をもって生まれただけでは人間にはなれず、人間社会のなかで育つことによってはじめて人間らしくなるのです。

3. 輻輳説 ——遺伝も環境も

遺伝説と環境説は単一の要因だけを想定して対立しましたが、遺伝も環境もともに発達に関わるとする説が現れました。シュテルン (Stern, W.) は遺伝説と環境説を単純に折衷した**輻輳説**を提唱しました。どのような形質も遺伝と環境の両者が関与して発達しますが、両者の影響の相対的な割合は形質ごとに異なっている、という考えです。図1-2のルクセンブルガーの図式にその特徴が表れています。

しかし、輻輳説にも批判が生じます。遺伝と環境の２要因の働きを考慮してはいますが、要因はそれぞれ独立に効果をもつとして、遺伝＋環境というたし算でしかとらえていない、という点です。さらに、両者が変化し影響しあうことも考えていません。

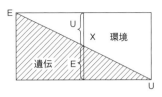

図1-2　ルクセンブルガーの図式

４．相互作用説　——たし算からかけ算へ

　遺伝要因と環境要因の働き方は、たし算のような簡単な関わり方ではないでしょう。成熟と環境の相互が複雑に絡みあって発達に寄与するとの考えが現れます。この**相互作用説**が今日の主流です。

　相互作用説に属する考え方はさまざまにあります。そのいくつかをみましょう。まず、ジェンセン (Jensen, A. R.) の**環境閾値説**では、遺伝的にもっている特性が現れるには環境条件が必要であり、環境条件が一定の水準以上に整えば遺伝的特性が現れる、と考えます。そして、その環境条件は遺伝的特性によって異なる、としています。たとえば、身長や発語などの特性は環境条件がかなり悪くても現れるのに対して、絶対音感などの特性は豊かな環境条件が必要だとしています。環境閾値説はやや遺伝を重視する感が強いようです。

　ピアジェ (Piaget, J.) は**均衡化説**を提唱しました。私たちには認識の枠組み（シェマ）があり、その枠組みで外界（環境）を取り入れ（同化）、それによって枠組み自体が変化する（調整）という相互作用の過程で発達をとらえました。環境を取り入れて変化した個体は、以前とは異なった新しい取

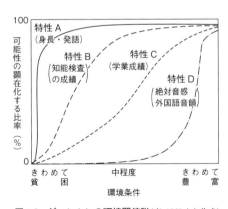

図1-3　ジェンセンの環境閾値説（東, 1969 より作成）

り組み方で環境に関わるようになり、環境を変化させる力ともなります。

　サメロフ（Sameroff, A.）は**相乗的相互作用説**を唱えました。養育者が子どもに働きかけるだけでなく、子どもが養育者に影響を及ぼすことも組み込んで、互いに作用しあう過程を重視しています。たとえば、気難しい傾向をもつ子どもに育児不安がある養育者が接した場合、時間とともに互いの影響で不安が募って対応も悪くなるだろうし、子どもの気難しさも増して、子どもへの嫌悪感となり、いっそう悪影響をもたらす可能性があるかもしれません。どの時期にどんな経験をするかも相互作用ととらえて、その影響を考えます。

　以上で見てきた発達の要因に関する諸説をふまえて、みなさんも人間の特徴がどのように形作られるのか、改めて考えてみてください。

【母子相互作用の基本概念図】

【情緒障害発現に至る母・子のかかわりの例】

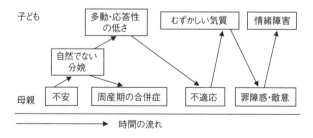

図1-4　サメロフの相乗的相互作用説（Sameroff, 1975；三宅, 1990 より作成）

【ま　と　め】
　発達の要因に関する説は、大別して４種あります。（　　　）説は遺伝によるとし、（　　　）説は環境によって決まるとします。両者を合わせた説は（　　　）説ですが、遺伝と環境の影響を別々に考えています。遺伝と環境が相互に作用するととらえる（　　　）説が現在では主流です。

【コラム】日本の社会的隔離児の事例（藤永ら、1987）

　1972年、日本のとある県で、姉と弟の２人が養育放棄され戸外の小屋に閉じ込められているのが発見されました。保護された当時、姉弟は６歳と５歳でしたが、ことばも話せず歩くこともままならない状態だったそうです。身体的発育までも遅れていて、１歳か１歳半程度にしか見えなかったそうです。栄養不良が酷く、養育的な働きかけはほとんどされず、生存できる最低限の世話しか受けなかったようです。医学的診断で遺伝的異常は認められず、心身両面で極限に近い養育放棄の状態で育ったこと（**マターナル・デプリベーション、母性的養育欠如**）を中核にした複合的に劣悪な環境条件が、極度な発達遅滞を招いたと推定されました。

　救出後、姉弟は養護施設で保育士の養育を受けて生活することになり、医療・発達の専門家達も関わりました。その後の回復状況は人間発達がいかに柔軟性や可塑性をもつかを示し、驚かされます。まず身体発達と運動能力が目覚ましい伸びを示し、１年後には三輪車まで乗りこなし、急速に通常の発達の過程を進んでいきました。ほかの側面もよく発達していきましたが、当初、言語能力に違いがみられました。それは、姉は保育士と親密な関係（愛着、２章参照）を形成したのに対して、弟は保育士と親密になれずにやりとりが乏しかったためです。担当保育士を交代したところ、弟も愛着が形成されて、目覚ましく言語発達していきました。心の通いあう養育者をもつことが、子どもの健全な発達に不可欠であることが示唆されます。姉弟は２年遅れで就学でき、学習面で努力を重ねて高校を卒業し、今は親として社会人として生活している、とのことです。この事例から、本章の発達可能性について考える点が多いでしょう。

⋰⋱⋰⋱⋰⋱⋰⋱⋰⋱ 第３節　発達の過程 ⋰⋱⋰⋱⋰⋱⋰⋱⋰⋱

1. 発 達 段 階

　発達は、毎日の変化が積み重ねられ量的に変化することを基礎にして、質的
に変化していきます。たとえば、ことばの発達では、語彙数が量的に日々増
えていくとともに、１語だけで話す形から２語を並べて話すようになりますが、
それは文法構造をもち始めたことを意味する質的変化でもあります。複雑な言
語表現へと進む分岐点なのです。

　発達は変化が連続して進みますが、このような質的変化に着目すると、ある
時期が他の時期とは異なる特徴的なまとまりをもっていることがわかります。
それを**発達段階**と呼びます。発達の過程をよく知るには、ある視点に基づいて
顕著な特徴を手がかりに、発達の過程を段階に分けるととらえやすいです。

　発達段階は、身体発達や精神構造などの注目する視点によって、さまざまな
区分の仕方があります。一般的には、学校制度との関連で総合的な視点でとら
えた発達段階、つまり、胎児期、乳児期、幼児期、児童期、青年期、成人期、
老年期がよく用いられます。これは、幼稚園、小学校、中学校の入学と関連し
ています。発達段階をふまえて学校制度が考えられたともいえますし、学校制
度が発達に影響しているともいえるでしょう。

　特定の領域に注目した発達段階では、ピアジェの発達段階が有名です。次の
項で少し詳しくみることにします。

　なお、どのような段階区分であっても、ある発達段階は他の段階と質的に区
別でき、各段階は不可逆で、段階区分の時期は個人差が大きいです。また、隣
りあう段階のあいだには移行期があって前後の特徴を示します。

2. ピアジェによる認知機能の発達段階

　ピアジェは思考の発達に注目しました。子どもは単に環境から刺激を受容す
るだけでなく、みずから環境に働きかけてやりとりする能動的な存在だ、と考
えました。そのため、子どもが外界にいかに働きかけ、外界をどのように認識

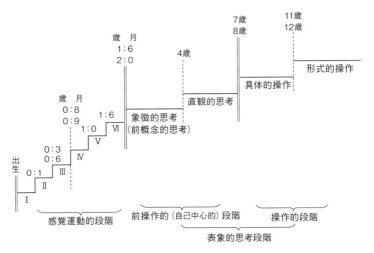

図 1-5　ピアジェの認知発達段階 〔岡本，1991〕

するか、つまり認知機能が質的に変化する過程を段階に分けました。

　感覚運動期では、子どもは眼前の外界に自分の運動動作で直接働きかけ、感覚を通して受けとめることで認識をします。その後、2歳頃から**表象的思考期**が始まり、外界に直接働きかけなくても表象（心のなかのイメージや概念）を使って認識するように変化します。といっても、すぐに大人と同様の思考をするわけではありません。論理的な操作がまだ困難な**前操作期**から、操作できる**操作期**と進みます。

　各段階のなかも細かな段階に分かれます。前操作期の前半は**象徴的思考期**で、眼前にない対象や活動を頭のなかでイメージとして思い浮かべることができます。後半は**直観的思考期**で、分析的にとらえますがまだ直観的で、みかけの特徴に左右されやすいです。

　その後、論理的な思考が可能な段階になり、具体的な例があれば論理的思考が可能な**具体的操作期**から、抽象的な思考が可能な**形式的操作期**へと進みます。

（柏崎　秀子）

【ま　と　め】
　発達は一様ではなく、（　　　）と呼ばれるいくつかの顕著なまとまりがみられます。前後の時期と（　　　）的に異なり、順序は（　　　）です。一般的な区分では、（　　　）期は小学校時代、（　　　）期は中学以降の学校時代に相当するように、教育制度と関連しています。特定の視点で分けることもでき、（　　　）は認知機能に注目しました。たとえば、心で考える以前に外界に直接働きかけてとらえる（　　　）期が示されています。

【さらに学びたい人のために】

柏木惠子・古澤頼雄・宮下孝広（2005）．新版・発達心理学への招待──人間発達をひも解く 30 の扉　ミネルヴァ書房：発達心理学をはじめて学ぶ人に向けて、生涯にわたる発達を 30 のテーマに分けて、非常にやさしくわかりやすい文章で紹介しています。

内山伊知郎・青山謙二郎・田中あゆみ（2008）．子どものこころを育む発達科学──発達の理解・問題解決・支援のために　北大路書房：発達の原理や教育上の問題となる発達現象を取り上げ、その基礎事項と最先端の知識の両面が詳しく解説されています。

藤永保・森永良子（編）（2005）．子育ての発達心理学　大修館書店：学界の重鎮である著者が、発達の一般的な過程と発達上の問題行動の双方について、理論を解説しています。社会的隔離児の事例も載っています。

【引 用 文 献】

東　洋（1969）．知的行動とその発達　岡本夏木・古澤頼雄・高野清純・波多野誼余夫・藤永保　児童心理学講座 4　認識と思考　金子書房　pp.3-24.

藤永保・斎賀久敬・春日喬・内田伸子（1987）．人間発達と初期環境　有斐閣

三宅和夫（1990）．シリーズ人間の発達 5　子どもの個性　東京大学出版会

岡本夏木（1991）．児童心理　岩波書店

Sameroff, A. J. (1975) Early influences on development: fact or fancy? *Merrill-Palmer Quarterly*, 21(4), 267-294.

Scammon, R. E. (1930) The measurement of the body in childhood. In J. A. Harris, C. M. Jackson, Paterson, D. G. *et. al. The measurement of man.* University of Minnesota Press.

Chapter

2 乳児期の発達

* * * * * *

　赤ちゃんの笑顔を見ると、つい引き込まれて微笑み返したくなるでしょう。赤ちゃんも反応が返ると、さらにうれしそうに笑っては、自然とおとなから働きかけを引き出しています。人間の乳児はおとなの養育が不可欠で、一見すると無力な状態に思えますが、実は有能性が秘められています。ヒトから人になるために、人との関係を作っていくのに好都合なしくみを使って、発達していくのです。ここでは、そのような乳児の不思議の世界をみていきましょう。

第1節　身体・運動機能の発達

　ヒトの赤ちゃんは**生理的早産** (序章参照) で生まれ、その後、身体が著しく発達します。出生時は身長約50cm、体重約3kgですが、約1年後には身長約75cm、体重約9kgと、身長は1.5倍、体重は3倍にもなります。

　生後しばらくのあいだは、まだ能動的な運動はできず、反射 (特定の刺激によって自動的に生じる特定の反応) が起きます。**原始反射** (表2-1) は、進化の名残ともいわれ、生命を維持し危険から身を守り、外界刺激への適応をはかります。脳の神経系が成熟するにつれて、原始反射のほとんどは生後4〜6ヵ月頃までに消失し、代わりに、自分の欲求によって能動的に動く随意運動が現れます。第1章でみたように、消失が次なる発達へとつながる良い例です。

　乳児期は運動面でも大きな発達を遂げます。運動発達の順序は、第1章で見た発達の順序性に則って進みます。生後1ヵ月程度で顎をあげられるようになり、約4ヵ月で支えられて座り、9ヵ月でつかまり立ち、生後1年過ぎた頃にひとり歩きが可能になります (Shirley, 1933)。

　また、食事の面でも大きく変わります。生後5、6ヵ月頃から離乳食が始まり、

表2-1　さまざまな原始反射（岡田，1972より作成）

反射名	反射の特徴
モロー反射	仰向けに寝かせて、急に頭の支えを外すと、両腕を広げて抱きつくような体勢をとる。
逃避反射	足をつつくと、足を縮める。
口唇探索反射	口元を軽くつつくと、指の方に顔を向けて口を開く。
吸てつ反射	口に指を入れると、吸いつく。
把握反射	掌に指等を置いて押すと、手指を曲げて握りしめる。
バビンスキー反射	足の裏を軽くさすると、足の指を扇状に開いて反らす。
歩行反射	両脇を支えて足を床面につかせると、足を前後に動かして歩くような動きをする。

ひとり歩きする頃には固形食になります（**物理的離乳**）。離乳とひとり歩きによって、子どもは養育者の保護から独立への第一歩を踏み出すのです。

　ただ、発達には個人差がありますので、時期は目安であるととらえてください。

【ま　と　め】
　乳児期は、人生のなかでもっとも身体的発達が著しい時期で、生後1年のうちに（　　　）は1.5倍、（　　　）は3倍になります。また、身体運動は、生後数ヵ月で消失する（　　　）から、随意運動へと発達していきます。

∴∵∴∵∴∵∴ 第2節　認知能力の発達 ∵∴∵∴∵∴∵

1. 新生児の知覚

　私たちは視覚や聴覚などの感覚を通して、外界をとらえることができますが、すでにそれは母親の胎内にいる時期から機能し始め、出生後の準備をしています。

　そして、出生後にはかなり早い時期から、人間が発するさまざまな刺激に対してよく反応する指向性を備えています。

　まず視覚は、生後の視力自体は0.02ほどで、抱く人の顔が見える程度です

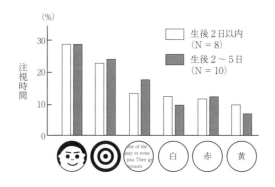

図 2-1　乳児の図柄に対する注視時間の比較（Fantz, 1961 より作成）

が、早くから自分のまわりにある刺激パターンが区別できます。ファンツの実験（Fantz, 1961）から、乳児は、より複雑で、より色彩があり、より曲線的な刺激を好み、とくに、「人の顔」的刺激をもっとも注視することが明らかになっています。生まれて間もない時期から、人と物とを区別して、人への特別な関心を寄せるしくみがあるわけです。

　聴覚は、知覚のなかでもっとも早くから機能し、言語音とそれ以外の音を敏感に判別することができます。そのほか、嗅覚でも、母親と他者の母乳の微かな臭いの違いが弁別できます（Russell, 1976）。乳児はこのような感覚機能を通して、外界を認識できるようになり、人とのかかわりの基礎を築いていくのです。

2．感覚運動による認知

　0 ～ 2 歳頃は、ピアジェによる認知発達段階の**感覚運動期**です（第 1 章参照）。この時期に子どもは積極的に自分の感覚（視覚、触覚など）と運動動作（なめる、握るなど）によって、環境に直接働きかけて眼前の外界を認識します。

　まず生後 1 ヵ月までは、それぞれの感覚は個々別々に存在し、反射をくり返すことで外界を取り入れます。その後、感覚への興味を求めて、ある環境に働きかける運動がくり返され（**循環反応**）、それによって外界を認識します。当初は、もっとも身近な自分の身体で循環反応を行いますが（例：口に指が触れたら指

を吸う動作をくり返す）、4ヵ月頃からは、興味が広がり、外界物で循環反応を行います。たとえば、手にしたおもちゃを振ったら音が鳴ると、音が鳴るという環境の変化に気づいて、振る動作をくり返します。これは複数の感覚が統合され、感覚と運動が協応して、外界をとらえるようになったことを意味します。

　8ヵ月〜1歳頃には、**対象の永続性**がわかるようになります。たとえば、目の前のおもちゃを布で覆って隠しても、消えてなくなったわけではなく、布を取り除けばおもちゃがある、存在し続けている、と理解できます。つまり、それ以前とは異なり、「見えなくなること」と「存在しなくなること」の違いがわかり、見えの知覚と物の存在とを切り離してとらえることができることを意味します。これは、あらかじめ目標を立て、目標を達成するための手段を探すような行動（「手段‒目的」的行動）がとれることにつながります。上の例なら、欲しいおもちゃが布で隠されても、払いのけて探し出せるのです。対象の永続性の理解は、感覚運動期の重要な概念で、後に現れる保存概念（第3章参照）の基礎となります。

　また、つかまり立ち、つたい歩きができるようになると、視野が一気に広がり、周囲に対して好奇心を強くもつようになりますし、さらに、ひとり歩きができる1歳頃からは、積極的に周囲の未知の物を確かめて知ろうとする**探索行動**が多くみられます。

　その後1歳〜1歳半頃には、目的を達成するために、あれこれ試行錯誤しながら新しい手段を探るようになり、1歳半〜2歳頃には試行錯誤しなくても心のなかで動作を試すことで、実行できるようになります。

　【ま と め】
　0〜2歳頃の時期は、外界を認知するしかたから（　　　）期と呼ばれます。対象が見えなくなっても存在し続けるととらえる（　　　）がわかるようになると、目的を達成するために行動できるようになります。

∴∵∴∵∴∵∴∵ 第３節　対人関係の発達 ∴∵∴∵∴∵∴∵∴

1. 働きかけを引き出すしくみ

　冒頭でふれたように、乳児には大人と緊密に結びつき、養育してもらえるようにする力が備わっています。乳児は刺激を受け取るだけではなく、能動的に外界に働きかけて、大人の行動を引き出しているのです。

　まず、身体的特徴が大人に「かわいい」と思う感情を引き起こさせ、働きかけを引き出します。乳児は、身体に比べ頭の比率が大きく（三頭身）、額が広く、目が大きく丸く顔の低い位置にあり、ほおが膨らみ、四肢が太く短く、身体が丸く、動作がぎこちないなど、特有の「赤ちゃんらしさ」があることをローレンツは指摘しています（正高，1993）。

　そして、何といっても微笑が赤ちゃんの代表的な働きかけです。生後すぐから、乳児は内的な満足状態によって**生理的微笑**をします。それは単に生理的に生じるのですが、周囲の者は、赤ちゃんが笑ったととらえて、関わらずにはいられない心情が誘発され、微笑み返します。生後１ヵ月頃からは、外部の刺激による誘発的微笑が見られ始め、とくに、人の声や顔でよく微笑むようになります。周囲も熱心に働きかけて、ますます相互のやりとりが進みます。微笑は生後３ヵ月頃がもっとも盛んで、人に対して微笑む**社会的微笑**が始まります。乳児は、他者に示した微笑みが他者の反応を引き出すことを知り、周囲の者と微笑みあうことで、快い感情を共有するのです。当初は誰にでも微笑みますが、しだいに特定の人に対して選択的に微笑むようになっていきます。

　同様に、泣くことや発声も大人の反応を誘発します。大人がタイミング良く応答することで、相互交渉のサインになり、情動の伝えあいへと発展します。

　一方、親の側もかかわり方を身につけて、親として発達していくのです。

2. 愛着の形成

　前述のような相互交渉を経て、しだいに子どもは特定の養育者とのあいだに深い情緒的な絆を形成していきます。ボウルビィ（Bowlby, J.）はその絆を**愛着**（ア

タッチメント、attachment）と呼びました。乳児が特定の人と離れるのを不安がったり（**分離不安**）、その人の後を追ったり、見知らぬ人を警戒して**人見知り**したりするようになるのは、愛着が形成されたからです。

　愛着対象者は、母親の場合が多いですが、必ずしも母親とは限りません。保育環境によって対象は異なりえます。周囲のさまざまな人々に関わり、同時に複数の愛着関係を結ぶことも可能です。少なくともひとつ安定した関係が存在すれば、それを基盤として周囲の人々と安定した対人関係を築いていけます。

　ボウルビィは愛着の形成過程を4段階で示しました。人一般への関心を示す第一段階（12週頃）から、人物を弁別し始め、特定の対象に限られていく第二段階（12週から6ヵ月）となり、特定の対象への愛着が明確になる第三段階（6ヵ月から2、3歳）へと進みます。乳児は周囲の人を明確に弁別するようになり、**分離不安**や**人見知り**が生じます。その後、3歳頃からは、愛着対象者がそばにいなくても、心で思えば安心できるようになります（第四段階）。この頃になると、愛着対象者の感情や目的が理解でき、それに合わせて自分の行動が修正できるようになります。

　愛着の形成は発達上の重要な意味があります。まず、愛着対象者は**安全基地**としての役割を果たします。乳児が未知の対象を探索する際、不安や恐れを感じたらすぐに戻れる避難所となりますし、安心できたら再び探索に向かい、自分の世界を徐々に広げるのです。また、安定した情緒的な関係があることが、乳児に安心感をもたらします。自分の求めに的確に応じてもらえ、喜びを共にし不安や恐れを取り除いてもらえる、という信頼感がもてるようになります。こうして得られた他者への信頼感が、あらたに出会う人との関係性を築く基礎ともなるのです。養育者や周囲の環境への信頼感を獲得することが、乳児の発達課題である、とエリクソン（Erikson, E. H.）は述べています（第6章参照）。

3．愛着の個人差

　愛着のあり方は皆同じではありません。エインズワース（Ainsworth, M. D. S.）らは、**ストレンジ・シチュエーション法**という実験的な観察法を用いて、この愛

【コラム】代理母の実験

　愛着がどのように形成されるかについて、かつてはまったく別の原因が考えられていました。ダラードとミラー（Dollard, J. & Miller, E.）は、授乳を通して成立する、つまり、養育者が飢えなどの生理的な欲求を満たす存在であるからだ（二次的動因説）と述べ、その考えが広く支持されていました。しかし、ローレンツの刻印づけ（第１章参照）やハーロウ（Harlow, H. F.）の**代理母の実験**によって、実はそうではないことが明らかになりました。

　代理母の実験では、生後まもないアカゲザルの赤ちゃんを親から離し、母親代わりとして２種類の模型を置いて、行動を観察しました。代理母の一方は針金製でミルクが出ますが、もう一方は柔らかい布製でミルクは出ません。その結果、子ザルはミルクを飲む時以外は、感触が良い布製代理母の方に長時間しがみついていたことが確かめられました（Harlow, 1958《図2-2》）。この実験から、子ザルには空腹を満たすこと以上に、身体接触による快さが重要であることがわかります。さらに、不慣れな恐怖刺激として、クマのぬいぐるみを側に置いたところ、子ザルは布製代理母の所に寄っていきました。愛着対象者は安心感を得られる存在であるわけです。

図2-2　ハーロウの代理母の実験（Harlow, 1958）

表 2-2　愛着の分類 (森野, 2011)

	Aタイプ (不安定／回避型)	Bタイプ (安定愛着型)	Cタイプ (不安定／抵抗型)
親子の分離場面	泣いたり後追いしたりはしない	泣いたり後追いしたりする	激しく泣き、強い不安や混乱を示す
親子の再会場面	回避したり、無視したりする	接近や接触を求める．しばらくすると落ち着く	接近や接触を求めるが、同時に抵抗も示す．なかなか気分が回復しない
安全基地として	極力利用しない	利用する	過剰に利用する

着の個人差を検討しました。その方法では、実験室という新奇な環境で、子ど
もを養育者と分離させたり、見知らぬ人と対面させたり、養育者と再会させた
りして、その反応を観察します。

　その結果、表 2-2 のように、愛着は A タイプ (不安定／回避型：安全基地を極力
利用しない)、B タイプ (安定愛着型：安全基地を利用する)、C タイプ (不安定／抵抗型：
安全基地を過剰に利用する) の 3 種類に大別されます。しかし、その割合には文化
差がみられます。たとえば、B 型がもっとも多いのは米国も欧州も日本も同様
ですが、不安定型のうちドイツでは A 型が多く、日本では A 型はほとんどみ
られず C 型が多い、という結果でした (三宅, 1991)。このように、愛着の質を
単純に比べることは難しいといえます。

【ま　と　め】
　乳児は相互交渉によって特定の対象とのあいだで (　　　) と呼ばれる深
い情緒的な絆が形成されます。それは、ハーロウの (　　　) の実験からわ
かるように、その対象が生理的欲求を満たすからではありません。乳児は
その対象を (　　　) として利用し、信頼感が得られます。

∴∵∴ 第4節　ことばとコミュニケーションの発達 ∵∴∵

　子どもは1歳半ば頃から本格的に話し始めますが、実はそれ以前から、人とのかかわりあいを通して、ことばやコミュニケーションの前提条件となるさまざまな機能を身につけます。ことば以前の「ことば」をみましょう。

1. ことばの下地作り

　乳児には早くから他者とコミュニケーションをとろうとするメカニズムがあります。たとえば、生後まもなくから、大人の表情に合わせて、まるで真似るかのように、口の開閉や舌の出し入れなどをします（**共鳴動作**）。乳児は人の発する音声に特別な感受性を示します。また、人の声の調子に合わせて身体を動かしたりします。授乳時には乳児が吸っているあいだは養育者は静かにしていて、吸うのをやめると養育者は揺すって話しかけるように、乳児が吸う行為と養育者が働きかける行為とが自然に交互に行われたりもします。このように、リズミカルでタイミング良くやりとりがくり返されて、会話における役割交代の基礎ができ始めます。さらに、乳児の泣き声に養育者が敏感に反応することをくり返すことにより、泣き声が信号の役割をもち、情緒を伝えられるようになっていきます。

　生後1ヵ月頃から、泣き声とは異なる発声も始まります。**喃語**と呼ばれ、快適な時に発する無意味な音声です。口唇や喉などの発声器官の成熟につれて、喃語は盛んになり、多様で複雑になります（例：「バブバブ」）。伝える意図はなく、音が出ることを楽しんでくり返している、と考えられます。面白いことに、喃語の調音はどの言語にも共通です。ですから、この時期には日本語にない音も発します。養育者が喃語に応答することによって、いっそう活発になり、その音声を模倣し始めて、しだいにその言語らしい音や抑揚になっていきます。その後、次第に音声が特定の物に対応づけられていきます。

2. ことばに近づく

　ことばの発達には、伝えたい相手の存在が重要です。愛着の確立後、乳児は自分の意図を伝えようと、他者に動作や音声を使って働きかけを行います。

　9ヵ月頃には、乳児と他者の関係に、物が加わります。乳児は相手の顔を見ながら、おもちゃを受け取っては渡し返す遊びを好みます。このような「乳児－物－他者」の関係は**三項関係**と呼ばれます。

　三項関係が成立すると、ことばの世界に近づきます。おもちゃをやりとりする行為は、与える側と受け取る側が物を介して役割交代することであり、会話の話し手と聞き手のやりとりに通じます。10ヵ月頃からは、指や手で事物を指し示す「**指さし**」の行為が現れます。指さしは、「意味するもの」（指先）と「意味されるもの」（事物）のあいだに指示関係ができたことであり、その関係を相手に伝えようとするはたらきをもつことでもあります。それはことばの機能と同様です。また、指し示した方向にある事物を他者と一緒に見る**共同注意**も見られます。指さしと共同注意は、お互いが共通の対象に注意を向けて、テーマを共有することでもあります。会話は参加者がテーマを共有する関係ですから、その点でもことばに近づいたことになります。あとは、特定の音声と意味が結ばれれば、ついにことばの出現です。

3. 一語で伝える

　1歳前後には、子どもは自発的に意味のある語を話し始めます（初語）。1歳過ぎ頃から、単語ひとつが文として機能する**一語文**が発せられます。一語文は文脈によって多様な意味で使われます。たとえば、一語文「マンマ」なら「（あっ）マンマ（がある）」「マンマ（はおいしい）」「マンマ（がほしい）」などの意味がありうるでしょう。そのため、意味を解釈する他者とのかかわりが重要です。うまく意味が伝わらない経験を経て、1歳半〜2歳頃には、語を並べて「マンマ　アッタ」と言う二語文が出現します。

　こうして子どもは、ことばという表現手段と、二足歩行という移動手段とを得て、乳児から幼児へと、大きく世界を広げていくのです。　**（柏崎　秀子）**

【ま と め】
　そもそもは意味のない音声である乳児の（　　　）が、人とのかかわり
によって、しだいにコミュニケーションの役割をもつようになります。「乳
児－物－他者」の（　　　）が成立すると、テーマを共有する（　　　）や
（　　　）の行為が見られ、やがて、単語ひとつで表す（　　　）が出現し
ます。

【さらに学びたい人のために】

長谷川真理（2016）．動画で学ぼう！　発達心理学──心の謎を探る旅　北樹出版：
　　乳児期を中心に幼児期・児童期までの子どもの特徴と、それをとらえる実験の
　　様子を映像でわかりやすく紹介しています。

汐見稔幸・小西行郎・榊原洋一（2007）．乳児保育の基本　フレーベル館：乳児期
　　の心身発達が写真やイラストでわかりやすく説明されています。また、発達を
　　援助する保育の事例も多く紹介されています。

山口真美（2003）．赤ちゃんは顔をよむ──視覚と心の発達学　紀伊國屋書店：乳
　　児が人の顔をどのように見ているか、さまざまな実験で得られた結果が、イラ
　　ストとともにわかりやすく紹介されています。

【引 用 文 献】

Fantz, R. L.（1961）. The origin of form perception. *Scientific American*, **204**, 66-72.

Harlow, H. F.（1958）. The nature of love. *The American Psychologist*, **13**(12), 673-685.

正高信男（1993）．0歳児がことばを獲得するとき──行動学からのアプローチ　中央公論
　　社

三宅和夫（編著）（1991）．乳幼児の人格形成と母子関係　東京大学出版会

森野美央（2011）．胎児期・乳児期の人間関係──身近な人との出逢い　浜崎隆司・田村隆
　　宏（編）やさしく学ぶ発達心理学──出逢いと別れの心理学　ナカニシヤ出版 p.42.

岡田幸夫（1972）．現代人の行動──心理機制の諸相　日本放送出版協会

Russell, M. J.（1976）Human olfactory communication. *Nature*, **260**, 520-522.

Shirley, M. M.（1933）. *The first two years: A study of twenty-five babies*. Vol.2. University
　　of Minnesota Press.

Chapter 3 幼児期の発達

* 　 * 　 * 　 * 　 * 　 *

　幼児のつぶやきから、彼らの世界が垣間見えることがあります。4歳のまさと君。花粉症で毎朝マスクをして出勤する父親に、「パパ、きょうも給食当番？」。園でマスクをして当番をした自分の経験をもとに、毎日マスクをして出かける父親の姿を見て、思わず「きょうも？!」との声が出たのかもしれません。5歳のしふみちゃん。寒い日、公園でひなたぼっこをしながら目をつむって両手を広げている。「お日さまが服を着せてくれているの」(朝日新聞学芸部, 2001)。

　このような微笑ましいエピソードには、実は、幼児期独特の世界観が隠れているのです。第3章では、幼児の心身発達の特徴について紹介しましょう。

第1節　身体・運動機能の発達

　幼児期とは1～6歳頃の時期を指します。1歳頃、身長約75cm、体重約9kgであった身体は、その後少しずつ成長し、6歳頃には、身長約115cm、体重約20kgになります。

　運動面では、乳児期以上に著しい変化が見られます。2歳頃、歩行はかなり安定してきます。転ばないで歩くことができるようになると、走ったり、片足でとんだりすることができるようになり、4歳頃にはスキップをしたりする姿もみられます。また、手先を器用に動かすことが徐々にできるようになり、2歳頃のなぐり描きから始まって、丸を描くことができるようになります。さらにボタンをはめたり、ハサミを使ったりする姿が出てきます。このように、幼児期には、統合性や巧緻性を特徴とした発達がみられるようになり、現在、私たちに備わっている基本的な運動能力が培われていきます。

　運動機能の発達により、**基本的な生活習慣**の獲得も進みます。今まで養育者

に依存していた食事や着脱衣などを、自分の力でしようとするようになります。たとえば食事場面で、「ジブンで（する）！」と言い張ってスプーンと格闘し、なんとかご飯を口にできて喜ぶ様子が見られるようになります。自分の身体を自分でコントロールできた自信。この姿は、食べさせてもらう自分から食べる自分への身体的自立、そして精神的自立の第一歩として見ることができるでしょう。

　しかし、「ジブンで！」と言いながら十分にできないのもこの時期の特徴です。食事、着脱衣に加え、排泄、睡眠、清潔といった基本的習慣については、しつけ（コラム参照）を必要とする場面も出てきます。幼児の自信を大事にしながら、基本的習慣が育まれるようなかかわり方が求められるのです。

【コラム】親の養育態度

　しつけを含め、親が子どもを育てる際の方針（養育態度）には、どのようなものがあるのでしょうか。サイモンズは、まず、子どもに対する保護作用について、親が受容するか拒否するかという横軸と、子どもに対する社会化作用を親が支配的に行うか服従して行わないかという縦軸の2つを組み合わせました。さらに、それぞれの象限における極端な養育態度として、**過保護、残忍、無視、甘やかし**、という名前をつけました（図3-1）。

　そして、理想的な親子の関係は、図のいずれの象限にも偏らない原点周辺の態度である、としています。しかし、養育態度には、親自身の性格をはじめ、子どもの数や夫婦関係等、さまざまな要因がからむので、すべての人が原点周辺を目指すのは難しいでしょう。重要なのは、個々人がいずれかの象限に傾いている可能性を自覚しつつ、「良い加減」で子どもと関わる姿勢かもしれません。

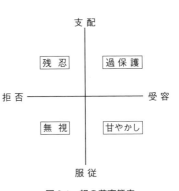

図 3-1　親の養育態度
(Symonds, P. M., 1939 を参考に作成)

第2節　知的能力の発達

　幼児期は、第1章で学んだピアジェの発達段階の**前操作期**（2～7歳頃）にあた
ります。この前操作期は、4歳頃までの**象徴的思考期**と7、8歳頃までの**直観的
思考期**に分かれています。これから、各段階の特徴を見ていきましょう。

1. イメージによる思考（象徴的思考）

　2～4歳頃になると、砂をご飯に見立てて遊んだり、ごっこ遊びをする姿が
よく見られます。こうした遊びは**象徴遊び**と呼ばれ、**表象**や**象徴機能**といった
認知能力が発達してきてはじめてできる遊びです。
　表象とは、目の前にない事物や事象を、頭のなかにイメージとして思い浮か
べることです。象徴機能とは、事物や事象を、記号等の別のものに置き換えて
認識するはたらきのことです。たとえば、砂をご飯にするという見立て遊びは、
目の前にご飯（事物）がなくても、ご飯をイメージする能力（表象）や、目の前の
砂をご飯という別のものとしてとらえる能力（**象徴機能**）に支えられています。

2. 言語の発達

　表象や象徴機能の発達は、急激な言語発達の支えでもあります。言語が事物
や事象を表現する記号であることを考えると、そのつながりがみえるでしょう。
　話し言葉の出はじめは名詞が大半ですが、1歳半～2歳頃の二語文（ブーブー

キタ）の獲得に伴い、動詞や形容詞等も増えていきます。語彙数は、個人差が大きいものの、1歳半頃から急増し（**語彙の爆発**）、2歳頃に200〜300語、3歳頃には900〜1,000語程度になります。4歳頃には、話し言葉に書き言葉が加わります。たとえば友だちへの手紙など、場を共有しない形でのコミュニケーションを経験するなかで、言葉の働きに気づいたり、他者を思い浮かべながら、その人に伝わる表現を考え、工夫したりする機会が多くなります。こうした経験を通して、言葉を使いこなす力や、言葉に対する感覚が磨かれていきます。

　また、幼児期には言語が、自分の思考のための道具としても機能し始めます。遊びのなかでのひとり言が多くなりますが、このひとり言について、ヴィゴツキー（Vygotsky, L. S.）は、**外言**（音声を伴ったコミュニケーションの道具としての言語）の形はとってはいるが、**内言**（音声を伴わない個人内の思考の道具としての言語）の機能をもつものではないかと考えました。すなわち、外言がしだいに内面化されて、過渡期的なひとり言を経て、内言に分化する、としたのです。頭のなかだけで思考できるようになるにつれ、ひとり言は徐々に減少し、子どもの思考はさらに深まっていきます。

3．見かけによる思考（直観的思考）

　直観的思考期と呼ばれる前操作期後半、4〜7、8歳頃の重要な特徴は直観という語が示すように、思考が「知覚（**見かけ**）」に左右される点にあります。

　たとえば、この時期の幼児には、図3-2左のように、まったく同じ形の容器に入っていた液体のうち一方が目の前で形の違う容器に入れられた途端、液面の高さ（あるいは容器の細さ）に惑わされ、「多くなった（あるいは少なくなった）」と考える傾向が見られます。また、図3-2右のように、並べ方が変わると、数が増えた（減った）と考える傾向も見られます。「見かけが変化しても、ある対象に何かを加えたり取り去ったりしないかぎり、対象の本質は同じである」という**保存概念**の理解が難しいのです。

　このような保存概念の欠如は、液量や数のほかにも、重さなどさまざまな側面で生じます。子どもは、児童期に、数・長さ・液量・重さ・面積・体積といっ

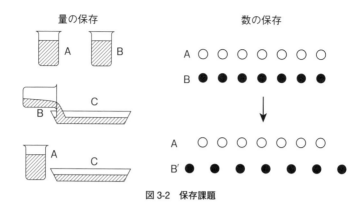

量の保存　　　　　　　　　　　　数の保存

図3-2　保存課題

た保存概念を獲得していきます。

4. 自己中心性

　前操作期を通じて見られるもっとも重要な特徴として自己中心性があげられ
ます。この時期は、自分の視点や思考が他者と異なることを理解しにくいため、
相手の視点でものを見たり考えたりすることが困難です。本章冒頭で、まさと
君が「パパ、きょうも給食当番？」と言ったのも、自己中心性がうかがえる一
例です。

　自己中心性を示した実験に、ピアジェの３つの山問題があります。図3-3の
Aの位置に幼児を座らせ、異なる位置（B、C、D）に人形を置き、人形がどのよ
うな風景を見ているのかを尋ねたところ、自分から見えるのと同じ風景を答え
たのです。この実験から、幼児は他者の視点を理解できず、他者も自分と同じ
ように見たり経験したりするととらえていることがわかりました。

　しかし、その後の研究によって、課題の設定次第では幼児が正解する場合も
あることがわかってきました。たとえば、警官が少年を探しているという設定
で他者（警官）の見えを尋ねるといった具体的な課題場面にしたり、ピアジェの
実験よりも簡単な方法で他者からの見えを回答させるようにすることで、3、4
歳頃の幼児でも、自己と他者の視点を混同させることなく正答できたという結

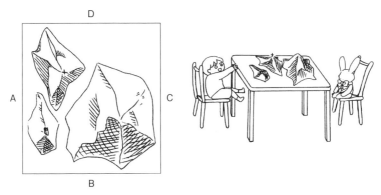

図3-3　3つの山問題（Piaget, J., & Inhelder, B., 1956 より作成）

果も報告されています。7、8歳過ぎには、課題場面や回答方法に左右される
ことなく、どのような課題であっても正答できるようになります（**脱中心化**）が、
それ以前の時期にも、育まれている力があるとみた方がよいのかもしれません。

　さて、冒頭に紹介したセリフ「お日さまが服を着せてくれているの」を思い
出してください。それには、前操作期にみられる**アニミズム**（事物や自然現象にも
生命や意識などがあるとする思考）と呼ばれる思考特徴がよく現れています。この
時期には、ほかに、**実念論**（夢や考えなどが物質的な存在として実在しているとする思
考）、**人工論**（あらゆる事物はすべて人が作ったものであるとする思考）と呼ばれる特徴
も見られます。幼児の思いがけない言動から、大人とは異なる幼児の思考の世
界を垣間見ることができます。

【ま　と　め】

　幼児期は、ピアジェの発達段階の（　　　）期にあたり、4歳頃までの
（　　　）期と7、8歳頃までの（　　　）期に分かれます。この時期は、見
かけが変化しても、何かを加除しない限り、対象の本質は同じであるとい
う（　　　）の理解が難しいのです。また、相手の視点でものを見たり考え
たりすることが難しい（　　　）という思考の特徴があります。

∴‥∴‥∴‥ 第3節　社会性・人とのかかわりの発達 ∴‥∴‥∴

1. 感 情 理 解

　幼児は人の心的状態をどのように理解しているのでしょうか。まずは、人の喜びや悲しみといった感情についての理解（**感情理解**）を紹介します。

　幼児期には、ほとんどの3歳児が、他者の表情から、「喜び」、「悲しみ」、「怒り」、「怖れ」といった基本的な感情を読み取り、これらの感情を生じさせる状況についてもある程度の理解をするようになります。4歳頃までは主として表情に依存した理解が多くみられますが、6歳頃になると、人は本当の感情とは違う表情を表出する場合があるということについての理解も進み、表情に加え、状況を手がかりとする姿もみられるようになり、さらに同じ状況であっても特性（性格・行動の特徴・先行経験など）が違うと異なった感情が出てくることも理解し始める姿が、諸研究において報告されています。

　自己の感情理解の深化という点に着目すると、自身の感情表出が、他者の感情や行動に影響することへの理解（たとえば、悲しい顔をすると、友達は共感し、慰めてくれるなど）が、5歳頃にみられることが報告されています。

2. 心 の 理 論

　心的状態の理解には、人が何をしたいと考えているのか（欲求）、何を知っていて（知識）、何を信じているのか（信念）、といった認知的な心の活動についての理解も含まれます。欲求、知識や信念といった心的状態についての理解は、**心の理論**と呼ばれることがあります。

　心の理論はどのように発達するのでしょうか。幼児が心の理論を有しているか否かを調べる方法で現在もっとも広く知られる課題は、**誤信念課題**です。この課題では、図3-4のような紙芝居等を用い、幼児に以下のような内容の話をします。

　男の子が人形で遊んでいます。出かける前にAの箱の方に人形を片づけて部屋を出ます。その後、女の子が入ってきて、Aの箱から人形を出して遊び

ます。そして女の子はBの箱の方に人形を片づけて部屋を出ます。さて、その後、部屋に戻ってきた男の子は、人形を使う時AとBどちらの箱を探すでしょうか?

　3歳頃までは人形が入れ替えられたBの箱を探すと答えますが、4歳頃からはもとのAの箱を探すと答えられるようになることがわかってきました。課題に正解するには、頭のなかで、「本当は、人形は別の人物がしまったBの箱に入っているけれど、主人公はそのことを知らない(知識)ので、人形がAの箱にあると誤って信じており(誤信念)、人形を使いたい(欲求)ので、Aの箱を探す」といった具合に、人の心的状態を推測する必要があるのです。

　このように、幼児期には心的状態の理解が大きく進みます。そのことによって、人とのかかわりが豊かになり、また、自分の心的状態への気づきも見られるようになります。

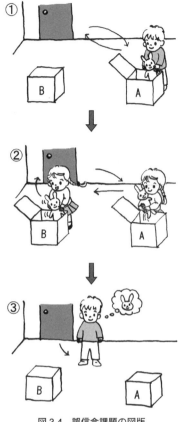

図3-4　誤信念課題の図版

3. 自己意識の発達

「自分」という意識はいつ頃から芽生えるのでしょうか。2、3歳頃に「シナイ!」「イヤだ!」と親の言うことを拒否したり、反対のことをしたりして、激しく自己主張するようになります。この時期は**第一反抗期**といわれます。

　第一反抗期の発生は、**自我の芽生え**と深く関係しています。「自我」とは、さまざまなことを感じたり行動したりする主体としての自分のことで、対象化された客体的な自分を指す「自己」と区別されて使われることがある言葉です。

生後さまざまな経験を通して少しずつ自我が発達していくにつれ、自分を対象として見る自己意識も発達していきます。乳児期には、自分と身近な大人の意識が混ざり合った未分化な状態ですが、幼児期に運動機能が発達し、自身でできることが増えてくると、少しずつ「ジブン」を意識する機会も増えてきます。大人の意志をそのまま受け入れて過ごしてきた時代から、大人とは違う自分を意識し、みずからの意志で行動しようとする時代がやってくるのです。

　周囲の大人から見ると、幼児が自分でしようとしていることが、ひとりでできそうになかったり、命に関わったり、他人に迷惑がかかったりする場合があります。そこでさまざまな干渉や禁止をするのですが、幼児からすると、「自分の意志を妨げられた！」と、自我をかけた全力の抵抗になってしまうのです。

　第一反抗期に、幼児は他者と違う自分への認識を強めたり、自分の意志が常に通るわけではなく、時には我慢が必要であることも学びながら、自己意識を発達させていきます。反抗は、その後の発達の基礎となる登竜門なのです。

　自己意識が発達すると、他者の視線への意識も生じます。たとえば、うまくできない時、自分の姿が他者へさらされる恥ずかしさや、他者からどのように思われるかという疑惑を経験するでしょう。エリクソンは、1〜3歳頃までの時期を自律と恥・疑惑が対立する段階と呼んでいるように、自己意識が発達し自律性を獲得することは、他者を意識することと深く関わるのです。

4．遊びの発達

（1）遊びの分類

　幼児期、対人関係や認知能力の発達と関連して、子どもの遊び方には発達的な変化が見られます。パーテンは、対人関係の発達に注目して自由遊び場面を観察し、遊びを6種類に分類しました。周囲に何も興味を示さず、自分の身体に関わる遊びをしている「何もしていない行動」のほかに、**一人遊び**（他児が近くにいても関わることなく、ひとりで別の遊びをしている）、**傍観**（他児の遊びをそばで見ている）、**並行遊び**（他児のそばで同じようなおもちゃを使って遊んでいるが、それぞれ独立していて、他児が立ち去っても無関心でいる）、**連合遊び**（他児とひとつの遊びをし、か

かわりはあるが、そのなかでは各自やりたいようにやっている）、**協同遊び**（リーダーがおり、個々人が異なる役割や仕事を分担して集団で遊んでいる）の6種類です。

　おおむね4、5歳頃になると連合遊びが多くなり、5、6歳頃になると協同遊びが徐々に多くなってきます。人間関係をつくる力の発達に伴い、遊びの内容も変わっていくのです。ただ、5、6歳になると協同遊びばかりというわけではなく、時には、一人遊びに没頭することもありますし、遊びに入るタイミングがうまくつかめずに傍観することもあります。年齢があがるにつれて、多様な遊びができるようになると考えた方がよいでしょう。

　ほかには、知的発達段階に基づいたピアジェの分類があります。乳児期から児童期までをとらえ、感覚運動期頃の**感覚運動的遊び**（感覚や運動の機能を働かせること自体を喜びとする身体遊びや単純な対象遊び）、前操作期頃の**象徴遊び**（ごっこ遊びや模倣遊び、積み木など材料となるもので何かを作る構成遊びもこのなかに含まれる）、具体的操作期以後の**ルール遊び**（ルールを伴うゲーム的遊び）の3種類があげられています。このように、遊びは思考の発達とも関わっているのです。

　子どもが遊ぶ場面を見かけたら、その裏側にある発達の様子も考えてみると、興味深いでしょう。

（2）保育現場でのかかわり

　遊びにつきものなのが**いざこざ**です。いざこざとは、ケンカよりも広い意味で意見の対立を総称する言葉です。子どもたちは、一日のうちに何度もさまざまないざこざを経験しますが、保育者の適切な援助・配慮によって（コラム参照）、自他の感情や欲求等が異なることに気づき、どのように折りあいをつければ楽しくなるか考えられる力をつけ、対人関係のあり方を学んでいくのです。

（森野　美央）

【コラム】いざこざに対する保育者のかかわり

以前、筆者が観察で見かけた風景です。

大きなソフト積み木で家をつくっていた年中クラスのB児とC児。Bがアイデアを出し、Cがそれを受けて一生懸命積み木を運びます。そこへA児がやってきました。仲間入りをしようとしたところ、BとCに冷たく断られたため、大声で抗議が始まりました。Aの金切り声に保育者がかけつけて事情を尋ねます。

A：私のこと、ダメ（入れない）って言った。ひどいこと言った。

T（保育者）：Aちゃんにそういうこと言ったの？

B：言った。　C：言った。

T：Aちゃん、とっても悲しかったんだって。

B：でも入れたくないもんね。　C：嫌だもんね。

T：Bちゃん、Aちゃんが言われたことと同じこと言われたらどう？

B：嫌だ。　C：嫌だ。

T：そんなこと言われたら悲しいよね。Aちゃん、言われてとっても悲しかったんだって。（Tしばらく間をおいて2人の様子を見ている）どうしたらいいかなあ？

B：ごめんなさい。　T：謝ることができたね。　C：ごめんなさい。

T：2人も楽しいかもしれないけれど、3人で遊ぶともっとすごいことができるかもしれないね。3人で話し合いをしてみて、素敵なお家ができたら教えてね。

（森野，2008より抜粋、一部加筆）

このポイントは、「同じことを言われたらどう？」という言葉かけに、「嫌だ」との答えを受けた後、再度Aの気持ちを伝え、間をおいてBとCが考える時間をとった点です。幼児は、相手の視点で見たり考えたりすることが難しいという特徴があります。そこで、保育者は必要に応じていざこざに介入し、友だちの立場に自分の身をおいて考えるきっかけを作りながら、幼児が他者の心的状態に気づき、それを考慮して徐々に自分の行動を調節できるよう促していくのです。

しばらくしてから、保育者と一緒に様子を見に行ったところ、Aがはねながら、「大きい家ができたよ！　ここで靴をぬいで入ってください」と3人で一緒につくった家を紹介してくれました。いざこざを越えて、協同で遊ぶ楽しさを味わっているように感じたひとコマでした。

【ま と め】

・2、3歳頃は、親の言うことを拒否して激しく自己主張をする（　　　）
　期と呼ばれ、（　　　）の芽生えと深く関係しています。
・遊び方は社会性や認知の発達と関連しており、パーテンは対人関係の発
　達に注目して、遊びを6種類に分類しました。たとえば、複数の子ども
　が共通の目的をもって遊びは（　　　）と呼ばれています。

【さらに学びたい人のために】

はじめてのおつかい　日本テレビ：はじめておつかいに出た子どもたちの姿やつ
　ぶやきを通して、幼児期の生き生きとした心身発達にふれることができます。

**神田英雄（2004）. 3歳から6歳──保育・子育てと発達研究をむすぶ（幼児編）
　ちいさいなかま社**：幼児期の心身発達と保育をどのように結びつけて考えると
　よいか、多くの実践記録をもとにまとめられていて、面白く読みやすい本です。

子安増生（1997）. 子どもが心を理解するとき　金子書房：「心の理論」の背景や
　研究法が丁寧にわかりやすく書かれています。発達心理学の研究方法に興味が
　ある方にお薦めです。

【引 用 文 献】

朝日新聞学芸部（編）（2001）. あのね──子どものつぶやき　朝日新聞社
森野美央（2008）. 幼児は人の心をどのように理解していくのか　次世代育成研究・児や
　らい, **5**, 30-36.
Piaget, J., & Inhelder, B.（1956）. *The Child's Conception of Space*.（F.J. Langdon & J.L.
　Lunzer, Trans.）, Routledge & Kegan Paul.
Symonds, P. M.（1939）. *The Psychology of Parent-Child Relationships*. Appleton-Century-
　Crofts.

Chapter

4 児童期の発達

* * * * * *

　児童期はそれまでの遊び中心の生活から学習中心の生活になります。小学校入学当初はその変化に戸惑いをみせる子どもたちも、やがて学校生活に慣れ、知的能力や体力や社会的能力など、さまざまな力を伸ばしていきます。学校での組織的な学習を支える思考は、どのようになっているでしょうか。また、学校生活や友人関係を通して、どのような面が発達するのでしょうか。

第1節　身体と運動機能の発達

　児童期に入ると、身体の発達はそれまでの急激な変化から緩やかなものとなります。しかし、児童期の後半からは次の青年期の特徴がみられ始め、発達速度は上昇傾向を示します。性別による速度の違いもみられ、女子は身長も体重も男子に比べて1、2年早く増加します。

　運動機能の面では、それまでに身についている基礎的な運動スキルを応用したり、複数の運動を**協応**させたりすることで、より複雑な運動を巧みにこなせるようになります。たとえば、児童期に多くの子どもたちができるようになる「なわとび」は、手で縄を回す運動とジャンプする運動をタイミングよく連動させる運動です。児童期の終わりには、パワーの面はまだ足りないものの、反復練習を積めば、サッカーや卓球などで優れた技を身につけることも可能です。またこの時期、スポーツの好き嫌いがはっきりしたり、ドッジボールのようにルールに基づいて友だちとともに行う運動が多くなるのが特徴的です。

　ところで、現代の子どもたちはこれまでの世代と比べてからだが大きくなっていますが（**発達加速現象**、第5章参照）、一方で、体力の低下が指摘されています。たとえば、文部科学省が毎年実施している「体力・運動能力調査」では、

走・跳・投に関する種目に低下傾向が認められますし、運動時間が減少する一方、遊びでスマートフォンやゲーム機などの映像を視聴する時間（スクリーンタイム）が増加していることが指摘されています（文部科学省, 2021）。そのような生活習慣の変化が体力低下に関連があると考えられます。学校には子どもたちが運動・スポーツに積極的に取り組める機会を増やす対策が求められるでしょう。

·.·¨·.·¨·.·¨·.·¨·.· 第2節　知的能力の発達 ¨·.·¨·.·¨·.·¨·.·¨·.·

　児童期は学校で各教科の知識を獲得するだけでなく、学校教育を通して、思考が論理的な方向へと発達し、現代社会を生きる力も形成されていきます。この時期の発達でとくに重要なのが、論理的思考力と言語能力です。

1. 具体的操作期の思考

（1）保存概念の成立

　児童期の大半はピアジェの認知発達段階における**具体的操作期**（6・7歳～11歳頃）にあたります。この時期、言語を用いて筋道立てて思考し、具体的な体験に即していれば論理的に考えられるようになっていきます。

　それ以前の前操作期の子どもは、自己中心性のために見かけの印象に影響を強く受けていましたが、具体的操作期には、自己中心性から脱して（**脱中心化**）、見かけに左右されずに論理的に判断するようになります。保存概念が成立するようになり、第3章でみた量の保存課題を例にとると、コップに入っている液体を違う形のコップに移し替えても液体の量は変わらないことが理解できるようになります。見かけに左右されなくなるのは、次のような論理的な判断ができるためです。「何も取ったり加えたりしていないから（同一性）」、「もとに戻せば同じだから（可逆性）」、「こちらの容器は高いけれども細いから（相補性）」。このように、具体的な事物であれば、論理的な思考が可能になります。

　保存概念の成立時期は、数は7歳くらい、量は8歳くらい、重さは9歳くらい、体積は10歳頃です。時期が違うのは、論理的思考の形式が思考内容から

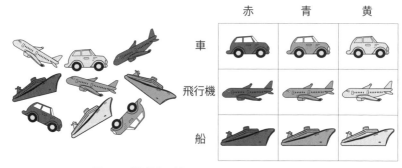

図4-1　**分類操作の例**〔Cole & Cole, 1989 をもとに作成〕

十分に分化していないためだといわれています。保存概念はさまざまな物理量を理解する基盤になり、その後の進んだ学習を可能にします。

（2）分類操作と系列操作

保存概念以外にも、さまざまな**論理的思考**が獲得され、分類操作や系列操作が可能になります。幼児期はイメージによる思考でしたが、児童期はより客観化された概念に基づいて思考活動が行われるようになるのです。

分類操作とは、ある特徴に従って分類することを指します。幼児期は全体と部分の包括関係の理解が難しく、「りんごと青いりんごはどちらが多い？」との質問に混乱しますが、児童期には迷わず答えられます。「バラは花であり、花は植物」であれば、「バラは植物である」ことがわかるようになります（類の**加法操作**）。また、8歳頃になると、図4-1のように2つの側面の特徴（乗り物の種類と色）を正確に分類して並べることができるようになります（類の**乗法操作**）。

系列操作とは、大きさや長さなどある基準に従って順番に並べることを指します。たとえば、7歳頃から、長さの違う10本の棒を正しく長さの順に並べ替えることができるようになります。これは棒の長さを相対的に比較して関係性が理解できることを意味します。

また、機能的属性（例：ナイフは切る時に使う道具である）の理解や、言語的定義を手がかりに、より安定した論理的思考へと進んでいきます。こうして、児童

　第4章　児童期の発達

期には頭のなかで物事を体系立てて考えるようになっていくのです。

2. 見えない世界への興味

　児童期中期からは、今、眼前に見える世界だけでなく、見えない世界へも関心や興味が広がり、論理的で抽象的な世界を認識する能力が育っていきます。日常生活では、テレビや本などから多くの知識を得たり、図鑑などを片端から覚えたり、「世界で一番高い山は？」などの断片的な知識を熱心に集めたりします。学校の授業でも、生活実態に即する直接的な学習から、しだいに間接経験による学習が増えていきます。また、昨今はインターネットなどのメディアの発展により、遠方や異文化に関する間接経験の機会も増える傾向にあります。

　そして、見えない世界への関心は因果関係の把握や探求へと広がっていきます。科学的な法則性や社会のしくみなど、目に見える世界の背後にある過程や関係に関心をもつようになります。こうして、より概念的・抽象的な思考へと発展していき、高学年頃には次の形式的操作期に入ります。

3. 言語能力の発達

　就学前までに話しことばは一通り完成し、文字の読み書きについても、ほとんどの子どもはひらがなが読めますし、自分の名前もひらがなで書けるようになります。小学校に上がると、言語能力がさらに発達していきます。

　ことばの世界は小学校入学の前と後で大きく異なります。その違いを、岡本(1985) は**一次的ことば**と**二次的ことば**という概念を提唱して説明しています。入学前のことばは一次的ことばで、親しい相手とのあいだで文脈情報を使って行う対面的なコミュニケーションのことばです。一方、入学後からは二次的ことばの時期が始まります。それは、不特定多数の相手に対して「今・ここ」の場面を離れても機能することばで、話しことばと書きことばの両面があります。文や語句を正確に使って、ことばだけで自分の思考を表現したり他者に伝えたりします。文章を書いたり人前で発表したり討論したりする機会が増えることによって、その力が習得されていきます。一次的ことばと二次的ことばは場面

に応じて使い分けられ、影響しあいながら重層的に発達します。

そして小学校4年生頃を境に、認知・思考面および精神面も含めて、発達に質的な変化が生じてきます。ことばは**内言**として思考を支える重要な役割を果たすようになり、より複雑な深い思考ができるようになります。

4. メタ認知能力の発達

このような文脈から離れたことばの使用や内言としてのことばの発達などによって、児童期後半頃から自分の思考などの状態をとらえる力が発達していきます。このはたらきは**メタ認知**（第11章参照）と呼ばれ、自分の認知活動をよりよくするために、自分の認知・学習過程を自分で内省的に分析し、必要に応じて意識的に修正や制御をするようになっていきます。

たとえば、文章や課題を理解するために、諸条件を加味して論理的な整合性を検討しなくてはなりませんし、自分の思考を内省して的確に表現できているか、みずから吟味することが求められます。メタ認知能力は、どのように学んだらよいかという学び方の学習にもつながります。最初は自分自身では難しい場合でも、教師のことばかけでメタ認知的活動がしやすくなります。そして、外からの働きかけが次第に内在化され、自分自身の方略になっていきます。

【ま　と　め】

　児童期の大半はピアジェの認知発達の（　　）期にあたり、（　　）して見かけに左右されなくなります。保存概念の成立だけでなく、具体物に基づいた思考の（　　）や（　　）も可能になります。そして、（　　）として思考を支えることばの発達や因果関係の把握、自分の認知状態をとらえる（　　）能力の発達など、より複雑な論理的思考へと進みます。

　これからの学校教育は、新しい学習指導要領のもと、言語力の育成が必要とされています。PISA（第11章参照）との関連で、知識・技能を実際に活用して考える力を育成するためです。事実を正確に理解するよう、事実と意見の区別や複数の資料の比較対照などを行い、判断とその根拠を示したりする力も必要ですし、根拠や推論に基づく論理的思考で自分の考えを深め、その解釈・説明、評価や論述をする力も、また、事実や思考などを他者に的確にわかりやすく伝える力も求められます。言語力育成は国語科だけでなく、すべての教科・教育活動を通じて行われます。それには、自分の思考・言語活動をふり返って制御するメタ認知の力を伸ばすことも重要でしょう（柏崎，2010）。

第3節　人間関係の発達

1. 仲間関係の発達

　児童期は学校生活が始まることで、人間関係のあり方も変化していきます。それ以前は、親きょうだいを中心とした**タテの関係**が支配的です。また、就学後しばらく新環境に不慣れなあいだは、教師というあらたな大人とのタテの関係も作られます。しかしその後、学校に慣れるにつれて、しだいに友人との**ヨコの関係**が強くなっていきます。多くの同年齢の子どもたちと接し、集団の一員として協力したり競争したりするようになります。

　ただ、友人を選ぶのは、低学年頃は、席が近いから、帰り道が同じ方向だから、などの物理的な距離の近さに影響されやすく不安定ですが、学年が上がるにつれて、性格や自分との類似性など内面的な要因が加わり、より安定した関係を築くようになっていきます。

　児童期中頃からは同性の特定の仲間と集団を作って遊ぶことが多くなります。

　その集団は**ギャング集団**、その時期は**ギャング・エイジ（徒党時代）**と呼ばれます。とくに男児に多く、「秘密基地」や「探検」などの活動的な遊びが典型的

です。活動のなかで秘密や自分たちだけに通用することばをもつことで集団への所属意識が高まり、仲間関係のなかで協力したりぶつかりあったりすることで、自分の立場や他者の立場を理解したり、社会が求める行動を認識するようになるなど、社会性が発達していきます。ギャング集団の活動は、時には反社会的な行動に結びつくこともありますが、おとなを排除した子どもだけの世界をもつことは、自立に向かう重要なステップなのです。

しかし、現代の子どもはギャング集団を作ることが少なくなったといわれます。これは、ゲーム機の普及や塾通い・習い事の増加や屋外で安心して遊べる場所の減少などが関係していると考えられます。ギャング集団の経験不足が社会性の形成にネガティブに影響して、現代の若者が起こす諸問題に関係しているのではないか、という考えもあるようです。ただ、具体的にどのような問題が起きるかは、これからの検討が待たれます。

2．自己概念の発達

他者とのかかわりは自己概念の発達も促します。相互交渉を通して、自己を認識し社会のなかに自己を位置づけていきます。すでに幼児期から、自分が抱く自己像だけでなく、「いい子ね」「よく食べたね」などと言われ、他者に映る自己の姿があることを知ります。また、両者にずれがあることにも気づき出します。

児童期になると、子どもたちは学校生活で多くの仲間との相互交渉により、自分の能力や特徴を他児と比較したり他者から評価されたりする機会が増え、自己概念が修正されていきます。自己を客観視して、「自分は親切だ」「やる気がある」のように、性格や態度など自己の内面的な特徴（主に肯定的側面）へと認識が広がります。さらに、学年が上がると、現実認識の「～する自分」だけでなく、「こうしたい」「～できるようになりたい」などの理想の自己像も現れます。

こうして、仲間からの評価や、他者との比較や、現実と理想の自己認識のずれなどによって、自己の価値や能力に対する評価的な感じ方（**自尊感情**）が意識

されるようになります。その肯定的な感情は**自尊心**、否定的な感情は**劣等感**と呼ばれます。なお、自尊感情は意欲や精神的な健康と関連があるため、失敗経験の積み重ねなどで劣等感が募らないよう、教師の適切な対応が必要です。

> 【 ま　と　め 】
>
> 　人間関係は学校生活によって（　　　）から（　　　）の関係に変わります。児童期中期頃からの時期は特定の仲間と集団を作って遊ぶことから（　　　）と呼ばれ、社会性を学んでいきます。また、他児との比較や他者評価によって、自尊心や（　　　）などの自尊感情が意識されるようになります。

.｡.:*･゜ 第4節　道徳性の発達 ゜･*:.｡.

　子どもは人とのかかわりを通して、社会で適応していくために必要な能力、**社会性**を身につけていきます。そのひとつである**道徳性**はどのように発達するのでしょうか。道徳性とは、物事の善悪や社会的な規範・価値体系を内面化し、それに沿って判断や行動をすることを指します。善悪の判断である**道徳的判断**と、他者を思いやる向社会的行動の面から、道徳性を考えましょう。

1．道徳性の発達

（1）ピアジェの道徳的判断

　ピアジェは道徳性判断について、思考が自己中心性から脱していくように変化するととらえました。8・9歳を境に、他者の視点を考慮せず大人の判断や規則を絶対視して従う**他律的段階**から、他者の立場も諸条件も考慮できる**自律的段階**へと発達する、としました。ゲームなどの規則への意識は、児童期初期までは規則は絶対的だととらえますが、中期以降になると規則は仲間同士の合意による取り決めで、尊重すべきだが修正も可能だと判断するようになります。

　また、出来事の善悪を判断する基準も変化していきます。たとえば、子ども

がお手伝いをしていてうっかり皿を10枚割った場合と、台所でふざけていて皿を1枚割った場合とを比較させて、どちらの方が悪いと判断するか調べました。その結果、8・9歳を境に、損害の大きさよりも行為者の動機に着目する、つまり、行為の結果による判断（**結果論**）から、行為の意図による判断（**動機論**）へと移行することが明らかになりました。

（2）コールバーグの道徳性の発達段階

コールバーグ（Kohlberg, J.）は、ピアジェの理論を発展させ、次のような道徳的葛藤課題を用いた調査から、道徳性の発達段階（表4-1）を示しています。

「ハインツは妻が重い病気で瀕死の状態です。ある薬屋が最近開発した新薬だけが、妻の命を救える方法です。薬屋は経費の10倍の高値で薬を売っています。薬を買うためにお金を借りて回りましたが、必要な金額の半分しか集まりませんでした。そこで薬屋に、薬代を安くするか、または不足分を後払いにしてくれるように頼みました。しかし、薬屋は儲けるために薬を

表 4-1 コールバーグの道徳性の発達段階 (Kohlberg, 1976 ; 二宮, 2001 より作成)

水 準	段 階	概 要
前慣習的水準	Ⅰ：罪と服従への志向	苦痛と罰を避けるために、大人の力に譲歩し、規則に従う。
	Ⅱ：道具主義的な相対主義	報酬を手に入れ、愛情の返報を受ける仕方で行動することによって、自己の欲求の満足を求める。
慣習的水準	Ⅲ：対人的同調、「良い子」志向	他者を喜ばせ、他者を助けるために「良く」ふるまい、それによって承認を受ける。
	Ⅳ：「法と秩序」志向	権威（親・教師・神）を尊重し、社会的秩序をそれ自身のために維持することにより、自己の義務を果たすことを求める。
後慣習的水準	Ⅴ：社会契約的な法律志向	他者の権利について考える。共同体の一般的福祉、および法と多数者の意志によりつくられた標準に従う義務を考える。公平な観察者により尊重される仕方で行為する。
	Ⅵ：普遍的な倫理的原理の志向	実際の法や社会の規則を考えるだけでなく、正義について自ら選んだ標準と、人間の尊厳性への尊重を考える。自己の良心から非難を受けないような仕方で行為する。

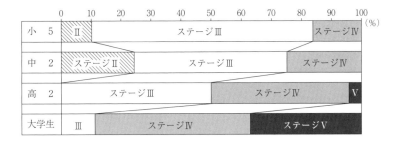

図 4-2　コールバーグの発達段階に基づく日本での年齢別の分布（山岸，1976 を一部改変）

売っているのだから、とまったく頼みを聞き入れませんでした。その夜、彼は薬屋の家に押し入り、薬を盗みました」。

　この課題で重要なのは、「どうすべきと思ったか」だけでなく、「なぜそのように判断をしたか」という理由づけに着目する点です。前慣習的水準では、まだ他者の反応や社会的慣習・規則は考慮できず、他律的に服従し（Ⅰ段階）、自分の快・不快や損得で判断します（Ⅱ）。次の慣習的水準では、他者からどう見られるかを意識し（Ⅲ）、社会秩序を維持しようとして（Ⅳ）、他者の反応や社会的慣習・規則を考慮します。さらに、後慣習的水準では、既成の社会的慣習・規則を絶対視せず、法は必要に応じて変更してよいと思ったり（Ⅴ）、法よりも普遍的な良心を優先したり（Ⅵ）します（ただし、Ⅵ段階に達する者は少ないといわれます）。各段階の年齢構成には文化差・性差がありますが、児童期は低学年頃はⅠ段階が急減しⅡ段階が多く、中・高学年頃からⅢ段階の他者に認められたがる「**良い子志向**」が強まります（図4-2）。このように、葛藤の経験から、自他の視点の違いを認識し、他者の視点に立ち、さらに普遍的な視点をもつよう、判断枠組みを調整し変化させていきます。

　それに対し、ギリガン（Gilligan, C.）は道徳性には男女差があるとして、「正義・公正」を原理とするコールバーグの理論を批判し、女性は人間関係、気配り、共感を原理とする「配慮・思いやり」の道徳性が発達するとしています。また、道徳性の文化差では、日本は他者関係に配慮するようです（柏木，2005）。

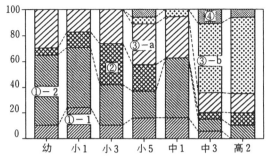

図4-3　向社会的な道徳判断の発達（宗方・二宮，1985を一部改変；高尾，1991）

① - 1　快楽主義的で実際的な志向
（自分に役立つかが基本になる）
① - 2　他人の要求志向（相手の要求に関心はもつが、考慮するわけではない）
②　承認と対人的志向・紋切り型志向（ほめられるから援助する）
③ - a　共感的志向
③ - b　内面化への移行段階
④　強く内面化された段階（自尊心や、自分の価値により判断する）

2．向社会性の発達

みなさんは電車で席を譲ったり、困っている人を助けたりしたことがあるでしょう。他者を思いやり援助する行動は**向社会的行動**と呼ばれます。見返りを期待せず、他人を助けようとしたり、人々のためになることをしようとする自発的な行動を指します。それは乳幼児期からその端を発しています。

アイゼンバーグ（Eisenberg, N.）は自分と他者との要求が葛藤する課題をもとに、向社会的行動の発達段階を示しています。自分の要求だけに関心を示す段階から、他者の要求に目を向ける段階、人からほめられようとする段階を経て、他者の立場・心情に共感するようになり、多様な価値観との接触を通して強く内在化された価値に基づいて行動するようになる、としています（図4-3）。

（柏崎　秀子）

【ま　と　め】
　道徳性について、ピアジェは（　　）判断から自律的判断へと発達するとしています。その理論を発展させた（　　）の発達段階は、道徳的葛藤場面の判断から導かれたもので、児童期は（　　）志向が特徴的です。また、自発的に他者を助けようとする（　　）にも発達段階があります。

【コラム】道徳性を育成する取り組み

　これらの理論をふまえて、教育の場で道徳性を育成するさまざまな取り組みがなされています。たとえば、本章で説明したコールバーグの理論に基づいて「モラルジレンマ授業」（荒木，1997）が実践され、効果を上げています。そこでは、子どもたちが道徳的葛藤に直面し、「どうすべきか」「なぜそのように考えたか」を、子ども同士が議論しあって、葛藤を乗り越えようとします。

　また、思いやりの心を育てる取り組みも行われています。他者の思考・感情・視点を推し量る能力は**役割取得能力**と呼ばれ、道徳性の発達に強く関連するとされています。セルマン（Selman, R. L.）の理論をもとに「VLF思いやり育成プログラム」（渡辺，2001）が開発されています。対人的葛藤場面がある物語などを教材にして、登場人物の思考や感情を推測し、なぜそのように考えるかを、ペアを組んで表現したり全体で討論したりします。それをふまえてロールプレイで演じながら問題解決を図り、書く表現活動へと発展させます。

　そのほかにも、人とうまく関われない問題を対人関係のもち方という「社会的スキル」の観点でとらえて、その上達を目指す「SST（ソーシャルスキルトレーニング）」（相川・佐藤，2006；渡辺・小林，2013）もあります。いずれも、子どもたち自身が考え活動するなかで、気づきを得ていく過程が重要です。

【さらに学びたい人のために】

小嶋秀夫・森下正康（2004）．児童心理学への招待［改訂版］──学童期の発達と生活　サイエンス社：児童期の各側面の発達を網羅し、学校や家庭での人間関係にもふれて、人生における児童期の位置づけを明らかにしています。

山岸明子（2009）．発達をうながす教育心理学──大人はどうかかわったらいいのか　新曜社：大人がどのように働きかけたらよいかに焦点をあてて、道徳性を専門とする著者が、小説や事例も交えて考える意欲的な書です。

スタンド・バイ・ミー（映画）（1986）：ギャング・エイジの心理が巧みに描かれて

いる名作の映画です。

【引 用 文 献】

相川 充・佐藤正二（編）（2006）．実践！ソーシャルスキル教育——対人関係能力を育てる
　授業の最前線　中学校　図書文化社

荒木紀幸（編著）（1997）．続・道徳教育はこうすればおもしろい——コールバーグ理論の発
　展とモラルジレンマ授業　北大路書房

Cole, M. & Cole, S. R.（1989）．*The Development of Children.* Scientific American Books,
　p.424.

柏木惠子・古澤頼雄・宮下孝広（2005）．新版　発達心理学への招待——人間発達をひも解
　く 30 の扉　ミネルヴァ書房

柏崎秀子（2010）．言語力育成を目指すこれからの教育の探究——方策の分析にみる方向性
　と課題　実践女子大学文学部紀要　**52**，48-59.

文部科学省（2021）．令和 3 年度全国体力・運動能力、運動習慣等調査の結果（概要）につ
　いて
　〈https://www.mext.go.jp/sports/content/20211222-spt_sseisaku02-000019583_111.pdf〉
　（2023 年 11 月 25 日）

宗方比佐子・二宮克美（1985）．プロソーシャルな道徳的判断の発達　教育心理学研究　**33**
　(2)，157-164

岡本夏木（1985）．ことばと発達　岩波書店

高尾　正（1991）．良い子、悪い子、普通の子——道徳性と向社会的行動の発達　高野清純
　（監修）・川島一夫（編）　図でよむ心理学 発達　福村出版　pp.159-170.

渡辺弥生（編）（2001）．VLF による思いやり育成プログラム　図書文化社

渡辺弥生・小林朋子（編著）（2013）．10 代を育てるソーシャルスキル教育——感情の理解
　やコントロールに焦点を当てて［改訂版］　北樹出版

山岸明子（1976）．道徳判断の発達　教育心理学研究　**24**(2)，pp.97-106.

Chapter

5 青年期の発達

* * * * * *

　私たちは、どのようにしておとなになっていくのでしょうか。青年期は通常、青年期前期（思春期）と青年期中期・青年期後期に分けられます。学年齢でいえば、中学生・高校生・専門学校生や大学生を経て社会人になる頃までを指します。青年期は、いったんは安定した子どもとしての自分に別れをつげ、新しくおとなとしての自分を構築する時期です。そこにはさまざまな変化や混乱があります。では、思春期から青年期後期までを学習していきましょう。

第1節　青年期とは

　青年期とはこれまでどのようにとらえられてきたのでしょうか。

　はじめて青年期を研究対象としたといわれるホール（Hall, S.）は、この時期を**疾風怒濤**という言葉で表しています。疾風怒濤とは、「追い風と大きな波」という意味です。児童期の安定感が崩れ、急速な身体変化やそれに伴う不安のまっただなかで、大きく揺れ動く気持ちをよく表しているといえます。

　青年期とは、子どもからおとなへの移行期です。ここに着目したレヴィン（Lewin, K.）は、この時期の青年を**境界人**と名づけました。もはや子どもではないが、まだおとなでもない、というあいまいな境界性を生きなくてはいけないことを表しています。社会的にみても、中学生になると交通機関ではおとな料金を払うようになるものの、まだ参政権はなく、飲酒も認められていません。心理的にも、子ども時代の心性は脱しているものの、まだおとなとしての確かな自分を確立しているわけではありません。この境界（はざま）を生きている特殊性があるというわけです。また、ホリングワース（Hollingworth, L. S.）は、親からの分離という観点から、思春期を**心理的離乳**の時期と名づけました。親か

ら精神的に自立し、一人前になっていく過程にあるということです。

　しかし一方では青年期について、不安定な時期とはとらえない観点もあります。文化人類学者のミード（Mead, M.）は、サモア島の青年とともに暮らして観察を行った結果、疾風怒濤のような危機的現象はみられず、非常に安定した穏やかな時期であることがわかりました。このように青年期を危機的とみる見方と平穏とみる見方があります。文化によっても、また個人差によっても違いがあることを考えて、幅広い視点から青年期を理解することが必要といえます。

　では、青年期の発達を、身体・認知・対人関係の観点からみていきましょう。

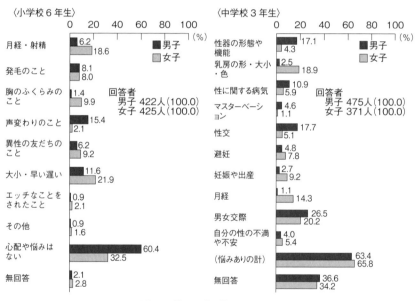

図5-1　性の不安や悩み（平成11年）

（注）複数回答.

資料：東京都幼稚園・小・中・高・心障性教育研究会「1999年調査児童・生徒の性」，1999,

　第5章　青年期の発達

∴∴∴∴∴ 第2節　身体的発達 ∴∴∴∴∴

　児童期には身体の発育がゆるやかに伸びていたのに対して、思春期にはそれが飛躍的に進む**発育の急進期**を迎えます。思春期になり、性的な成熟が始まることを**第二次性徴**といいます。女子では、初潮が始まり乳房が発達し恥毛が生え、身体全体が丸みをおびてきます。男子では、性器が発達し、精通が起きます。数年のうちにこのような大きな変化が現れ、それに伴いホルモンバランスが崩れ、わけもなくイライラする、疲れやすいといった症状が出現するようになります。内面的にも、それまで自分がもっていたボディイメージや自己像が大きく変わらざるをえなくなります。青年たちのなかには性的成熟を否定的に受け止める者も少なくなく、不安や驚きや混乱が生じたりもします。

　このような青年期の身体的変化は、その発現の時期や程度に個人差があります。発達の途中では、男子が女子より背が低い場合もあれば、女子のあいだでも初潮を迎える時期に差があります。人より成長が早い、または遅いことを恥ずかしいととらえる場合もあれば、誇りに思うこともあります。そのような他者との違いが、自己について考える契機となり気づきを促します。

【ま　と　め】

　青年期は、その不安定さから（　　　）の時期と呼ばれたり、おとなでもない子どもでもないことから（　　　）とも呼ばれています。親からの独立自立という観点から（　　　）の時期とも考えられます。性的成熟に伴い、男女の身体的差が現れる（　　　）が心にも影響していきます。

【コラム】発達加速現象

　40年前に比べると、中学生は平均で10cm以上も平均身長が伸び、体重も約10kg増えています。このように、世代が新しくなるにつれて、身体発達が促進される現象を**発達加速現象**といいます。それには、身体の巨大化と性的成熟が早まる早期化があります。思春期が早く始まるとどうなるでしょうか。心の準備が十分できていないのに急速に身体だけがおとなに

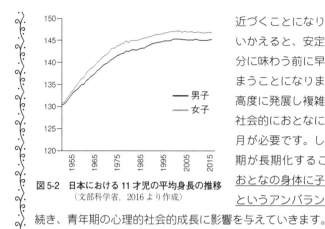

図5-2　日本における11才児の平均身長の推移
（文部科学省，2016より作成）

近づくことになります。これは言いかえると、安定した児童期を存分に味わう前に早期に終了してしまうことになります。かといって、高度に発展し複雑化した現代では、社会的におとなになるまでには年月が必要です。したがって、青年期が長期化することになります。<u>おとなの身体に子どもの心をもつ、というアンバランスな状態が長く</u>続き、青年期の心理的社会的成長に影響を与えていきます。

∵∵∵∵∵∵ 第3節　認知的発達 ∵∵∵∵∵∵

　児童期の大半は、具体的な事物をもとに思考するのに対して、小学校高学年からは具体的事象がなくても、論理形式に基づいた推論を行って論理的に思考できるようになります。これをピアジェは、**形式的操作期**と名づけました。事象を「可能性」のなかでとらえて、「もし、仮にこうなったとすると、次にはこうなるだろう」いった推論、すなわち**仮説演繹的な思考**ができるようになります。また、いくつかの仮説のなかからどの仮説が正しいかを判断することが可能となります。たとえば、化学実験で複数の液体を化合させて変化を考える組み合わせ思考や、天秤のつりあいを考える比例概念を理解できるようになります。図5-3の振り子課題のように、複数の要因から課題に影響を及ぼす要因を導く際に、ほかの要因は変化させずにひとつの要因だけを変化させて組織的に分析できるようになります（形式的操作期以前の子は同時に複数の要因を変化させてしまいます）。

　このように知的な活動を行う際に不可欠な論理的思考力が深まりを増します。このような能力の獲得により、専門性の高い課題やテーマに多様な視点で取り

組む能力がついてきます。人生や
自分への洞察とあいまって、長い
小説を書いたり、レポートや卒業
論文に取り組んだりすることが可
能となってきます。

　論理的な思考能力は、自分の経
験でのみ判断する狭い価値観から
人間を解放し、想像力を働かせた
広い可能性のなかからより良い判
断をする、豊かな人間性の獲得と
も関連しています。青年期は、受
験勉強が中心になりがちですが、
学習内容を自分なりに組み立てる、
自分の能力の個性を知る、自分に
とって学習しやすい方法を見出す、

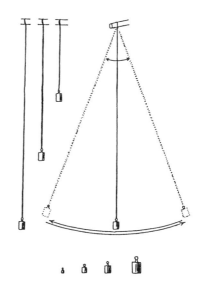

図5-3　ピアジェの「振り子課題」

（重りの重さ、ひもの長さ、重りを投下する位置、重
りを投下する時の力の入れ方の4要因のうち、振り子の
振動数を決定している要因を実験的に発見する課題。）

といった目標をもつことによって、
さらなる知的発達の契機としていくことができるといえます。

【ま　と　め】
　ピアジェによると、思春期・青年期には具体的な事物が目の前になくて
も論理的思考ができる（　　）期を迎えます。これにより、仮定に基づいて
どのような結果になるか推論する（　　）が可能となります。

∴∵∴∵∴∵∴ 第4節　青年期の対人関係 ∴∵∴∵∴∵∴

1. 親子関係の変化

先に述べたように**心理的離乳**は青年期の大きな特徴のひとつです。思春期に

なると、自分は親とは別個の人間だとして、精神的に独立したいと思い始めます。親に干渉されることをうっとうしく感じたり、親に反抗して無愛想になったり反発したりします。この時期は**第二反抗期**と呼ばれ、幼児期の反抗と異なり、真に精神的な自立を求める「自我の目覚め」とみることができます。思考力の発達によって、それまで無批判に受け入れてきた親の価値観に対して、論理的に矛盾点をとらえ、批判します。

　しかし、反抗しながらも一方では、自分のとった態度に自己嫌悪になったり、自立できないことに不安を感じて、親を頼りたい・甘えたいと思ったりと、気持ちが揺れ動きます。反抗の質も年齢に応じて変わり、思春期の感情的な反発から、青年期中期には理性的な批判や意志的な自己主張へと、多面的に発展します（加藤，1997）。

　親や教師といった権威をもつ者に反抗することを通して、青年は自分の価値観を作り上げていきます。また、青年自身が自己決定するとともに責任ももつ機会を多く経験することによって、次第に安定して親離れし反抗期を脱していきます。やがて子どもはいつもそばにいてくれた親のありがたさを感じ、親の弱さにも気づき、ひとりで生きてきたわけではないことを知ることにもなります。

2. 友 人 関 係

　反抗期にある青年は、親との関係に葛藤したり、急速な心身の変化に戸惑ったりと、さまざまな不安を抱えています。それゆえ友人関係がとても大切な支えとなってきます。親密な友だちができると、学校へ行くことが楽しくなり、おしゃべりをして不安を解消したり、ひとりではないという安心感や喜びを得ます。そして思春期前半には、とくに同質であることを求めるような友人関係がみられるようになります。ギャング集団がどちらかというと男子に多いのに対し、**チャム**と呼ばれるこの関係は女子に多くみられます。中学生の「仲良し」の2人が代表的です。同じ物を持ち、同じ趣味の服装をし、いつでも行動をともにするのが特徴です。時には、誰と仲良くなるかをめぐって取りあいや仲間はずれが生じます。また、常に一緒にいるという関係が苦手な生徒は苦痛やとまどいを

味わうことになります。友人関係がうまくいかなくなると、疎外感を感じやすく、教室に入る時に不安をおぼえたり、学校に行くことがつらくなったりします。

　まだ発達途上にあるこのチャム関係は不安定であり、仲良くなったり疎遠になったりをくり返しながら、やがて、より相手の個性を認めあう緩やかな仲間関係に発展していきます。これは青年期中期、主に高校生頃から始まるもので、**ピア**関係といいます。ピアとは本来「同等」という意味を含んだ仲間関係を表します。「すべてが同じでなくてはいけない」、「いつも一緒にいないと不安」といった束縛の強い関係とは違い、人間がそれぞれ違いをもっていることを理解した、より深い人間理解に基づいた関係性であるといえます。

　そして関係が変化するだけでなく、友人の選び方もそれ以前とは異なっていきます。児童期には近所に住んでいるといった物理的な距離の近さによる場合が多いのに対し、思春期になると親しみがもてる、感じが良いといった好ましさが選択の理由となり、やがて青年期になると尊敬できる、興味が一致するといった内面性が重要となってきます。このような友人選択の変化は、ちょうどチャム関係からピア関係に変化してくる時期と重なります。

【コラム】中学生の友人関係

　中学生の悩みは、自分の身体の変化に関するもの、友人関係に関するもの、家庭環境に関するもの等がありますが、なかでも友人関係の悩みが増えるのが中学1年生から2年生のあいだです。「友達2人でいると話せるが、3人になるとどう話していいかわからない」「今まで仲良しと思っていた人が突然ほかの人と仲良くなって口もきいてくれなくなった」「ひとりでお弁当を食べるのがつらい」といった悩みが聞かれます。これがチャム関係をめぐる悩みです。現代青年の友人関係の特徴は、チャム・グループにとどまりつづける狭い友人関係が長く続いていくことにあるといえます。仲間はずれを作って自分たちの仲の良さを確認し続けるという、いじめに発展するような関係性がはびこり続けています。同調のみに気を使う人間関係が、やがて「人が怖い」といった心性につながり、ひきこもりといった問題へとつながっているともいえます。

友人関係を通して他者との違いを意識することが、自分自身への気づきを深めるとともに、やがて社会に出てさまざまな異質な文化的背景をもった友人・知人を得ることにつながっていきます。

3. 異性との関係

第二次性徴に伴って、青年期は性に対する関心が高まり、異性に対する興味が出てきます。とくに男子青年は強い性衝動をどうコントロールするかが自己形成の課題となります。ピア集団は異質な友人関係で成り立っているため、複数の異性と知り合い、交流が生まれる契機となります。やがて青年期後期には特定の異性との仲が発展していきます。成人期の課題である他者との親密性が獲得されると、この異性との関係も安定したものとなっていきます。

4. さまざまな人との出会い

思春期・青年期は第二次反抗期にあたり、親と距離をとりつつ自己形成に向けた模索が始まります。行動範囲も広がってくる頃ですので、友人のほか、さまざまな人々との出会いがあり、影響を受けます。

学校では中学から始まる教科担任制により、専門性をもった多くの教師との出会いがあります。その出会いから専門分野に興味をもち、進路について影響を受けることもあります。

また、親－子、教師－生徒といった縦の関係と、同学年の友人同士といった横の関係のほかにも、**ななめの関係**にある人との関わりが重要であるといわれています。ななめの関係とは、親や教師ではない大人や少し年上の人などのことです。たとえば、部活動の先輩やアルバイト先でともに働く年上の人々、習い事の先生やボランティア先で知りあった人々などです。共通した感覚をもちながらも少し先を歩んでいる人生の先輩なら、親に言えないことでも気軽に相談できるでしょう。親類では、叔父、叔母、兄弟姉妹、従兄弟なども、親や教師とは違った多様な視点から物事を考える助けとなります。このような多くの人とのかかわりから豊かな人格形成が行われていきます。

第5節　自己形成のプロセス

1. 自己意識の発達

　児童期には主に外界に向けられていたまなざしが、青年期に入ると自分自身に向けられるようになります。自分を客観的にみる意識が発達してきます。第二次性徴による身体の変化も自己への意識を向けさせる大きなきっかけとなります。自分がとらえる自己像と他者から得られる自己像の違いに気持ちが揺れ動きます。感情面でも異性に対する思いなど、今まで体験したことのない複雑な新しい感情を体験し、それが人間理解に発展していきます。

2. 自我同一性の確立

　青年期の重要な課題は、「自分とは何か」「自分はどこにむかっていくのか」ということの答えを探すことです。エリクソンは、これを自我同一性という言葉で表しました。**自我同一性**（アイデンティティ）とは、「過去から将来に至る時間のなかで自分は一貫して自分であり、しかも社会関係のなかで他者からそのような自分を認められている」という感覚であり、「自分は自分である」との自覚です。自我同一性の感覚は、「時間軸のなかでの連続性の認識がある」、「他者からの認識も一貫している」という2つの認識が得られていることが必要となります（下山, 1998）。自我同一性の感覚は決して簡単に得られるものではなく、大人に向かうさまざまな葛藤や悩みの末に獲得されるものです。人への信頼感

表5-1　自我同一性チェック項目（海保・神村・倉澤・古川，1995, p.80 より一部抜粋）

自我同一性チェックリスト

次の質問に「はい」「いいえ」で答えてみましょう

(1) その日の内にすべきことを延ばすことがよくある
(2) やれる自信はあるが、人が見ているとうまくいかない
(3) 一生したいと思う仕事がたびたび変わる
(4) 今の自分は本当の自分ではないような気がする
(5) 自分が女（男）であることに違和感がある
(6) 周りの人は私を一人前にあつかってくれない
(7) 政治について自分なりの意見がもてない

【解　説】
これらの質問は、自我同一性の拡散や混乱の度合いをチェックするものです。
いいえの数が多くなるほど、自我同一性は拡散から獲得に向かっているといえます。
混乱の種類はおよそ以下の項目を表しています。

(1) 時間的展望 (2) 自己意識 (3) 役割獲得 (4) 同一性 (5) 性的同一性 (6) 権威混乱
(7) 価値混乱

が育ち、自律性の感覚が獲得され、自分の個性や役割を認識し、はじめておとなになってからの自分を描くことができるのです。

同一性の確立が思うように進まないと、**同一性の拡散**の危機が訪れる可能性があります。拡散とは、「ひろがる」、「まとまらない」という意味で、自分らしさがわからない、未来が描けないといった事態が生じます。同一性が拡散した状態では、昨日までの自分と今の自分のつながりが感じられず、その日その日をなんとなく生きている状態となります。目標が抱けないため、課題が意味のあるものとして感じられず、やる気が起きなくなったりします。

青年は、この拡散の危機のなかで葛藤しつつ自分を見出す旅を続けることになります。いろいろなアルバイトに挑戦して適性を模索したり、ボランティアや留学体験をするといったチャレンジを行います。この将来に向けた試行錯誤の時期を**モラトリアム**期間といいます。このような試行錯誤がやがて確かな未来像を造る上で、非常に重要となります。

3．青年期の不安がもたらす病理（つまずき）と性の多様性

　試行錯誤をくり返しながら自己形成に向かう青年は、時には社会を逸脱した行動やおとなからは理解しがたい精神状態にもなりますが、そのなかでも気をつけたい青年期の病理や困難があります。急速な心理的・身体的変化は、青年を不安にさせます。先に述べた性に関しても、多様な自己形成があります。以下に、青年期に起きやすい精神的病理や、性の多様性についてふれ、教師が気をつけるべき点を考えてみましょう。

　(1)摂食障害：青年期は、ボディイメージが客観的につかみづらく、ともすると極端なダイエットに向かうこともあります。また、ダイエットには自分をコントロールできるという満足感が得られるため、理想が高く完全癖のある人ほどのめり込みやすくなります。これが一定の基準を超えると病理となります。

　(2)不安障害：過度の不安によって起きる障害には、パニック障害・恐怖症・チック等があります。日本特有の恐怖症には自己臭恐怖・自己視線恐怖といったものがあります。

　(3)性自認の多様性：人間は、生まれた時に割りふられた性と性自認（自分が認識している性別）が異なる場合があります。このような特性をもつ人に関しては、以前は性同一性障害として病理のひとつと認識されていましたが、現在は、多様性のひとつとしてとらえるようになりました。身体的な性と内的な性が異なる場合もありますし、複数の性自認をもつ人もいます。そのような個性を持った人を排除することがないよう、着替えの場所やトイレの使い方などについて教師は配慮する必要があります。性別表記を必要以上に求めない、または男性・女性の性別表記ができるようにするなど、多様性を認める姿勢が大事になります。

4．キャリア形成

　職業選択は、自分の能力や適性を知り、社会にどのような役割で参加したいのかという自我同一性の課題と直結することがらであるといえます。思春期からの進路の模索を通して自己形成が進み、やがて青年期後期には職業的なア

イデンティティが形成されていきます。幼児期に描いた漠然とした夢ではなく、自分の適性を厳密に見る眼、目標に向かって見通しをもち努力する力、社会情勢を見きわめる判断力といった総合的な能力が必要となります。

5. 青年期の終わり

これまでみてきたように、おとなになるということは年齢が高くなるだけではなく、身体的・精神的・社会的に発達することを指します。ほど良い親子関係がもてるようになること、信頼関係で結ばれた友人関係が築けることなどが、そのあかしとなります。さらに自分の個性を知りそれに合った職業や役割をもつことができると、成人期への入り口に立つことができます。やがて他者との成熟した関係を通して家庭を築いたり、職業人として成長することによって、成人期に移行していきます。

（道又　紀子）

【ま と め】
　青年期の発達課題は、エリクソンによると、自分らしさ、すなわち（　　　）の確立にあります。これが困難となると（　　　）が起き、自分らしさがわからなくなり未来が描けなくなります。自分らしさを確立するまでの試行錯誤の期間が（　　　）で、この間に思い悩むことやさまざまなチャレンジをすることが重要となります。

【さらに学びたい人のために】
落合良行・伊藤裕子・齊藤誠一（2002）．ベーシック現代心理学4　青年の心理学　改訂版：青年期についてのさらに詳しい教科書です。
平石賢二（編著）（2011）．思春期・青年期のこころ——かかわりの中での発達［改訂版］　北樹出版：思春期から青年期についての事例が豊富な教科書です。
岩宮恵子（2009）．フツーの子の思春期——心理療法の現場から　岩波書店：現代

の思春期を描いたエッセイです。"フツー・ビミョウ"という言葉の裏にある思春期の心性をとらえています。

宮崎駿 (2001)．千と千尋の神隠し (映画)：反抗期を迎えた思春期の少女が社会との出会いのなかで必死にみずからの役割を獲得し、やがて親を改めて発見するまでの心性が描かれています。

梨木香歩 (2001)．西の魔女が死んだ　新潮社：友人関係を作れず不登校となった中学生の主人公が祖母のもとで過ごし、やがて自分らしさをつかんでいくまでが描かれています。

湯本香樹実 (1994)．夏の庭　新潮社：少年たちが老人と知りあいその死に遭遇してはじめて人生を知る物語が描かれています。

石田衣良 (2003)．4TEEN　新潮社：青年期のピア関係が描かれています。

【引 用 文 献】

平山諭・早坂方志 (2003)．発達心理学の基礎と臨床3　発達の臨床からみた心の教育相談　ミネルヴァ書房

海保博之・神村栄一・倉澤寿之・古川聡 (1995)．クイズと体験でわかる心理学　福村出版

子安増生・二宮克美 (編) (2004)．キーワードコレクション　発達心理学 [改訂版] 新曜社

文部科学省 (2015)．性同一性障害に係る児童生徒に対するきめ細かな対応の実施等について

村瀬嘉代子・三浦香苗・近藤邦夫・西林克彦 (編) (2000)．教員養成のためのテキストシリーズ5　青年期の課題と支援　新曜社

内閣府 (2014)．平成25年度　我が国と諸外国の若者の意識に関する調査
〈https://www8.cao.go.jp/youth/kenkyu/thinking/h25/pdf/hyoushi.pdf〉

落合良行・伊藤裕子・齊藤誠一 (1993)．ベーシック現代心理学4　青年の心理学　有斐閣

下山晴彦 (編) (1998)．教育心理学Ⅱ　発達と臨床援助の心理学　東京大学出版会

東京都幼稚園小中高心障性教育研究会 (1999)．児童・生徒の性〈1999年調査〉東京都幼・小・中・高・心障学級・養護学校の性意識・性行動に関する調査報告　学校図書

6 発達と教育

＊　　＊　　＊　　＊　　＊　　＊

　これまで、青年期までの各発達段階の詳しい特徴について学びましたが、第Ⅰ部のまとめとして、それらをふまえて改めて発達過程全体について考えましょう。人は生涯にわたって発達しますが、発達はどのように教育と関わるのでしょうか。発達と教育の関連を検討することで、次の第Ⅱ部・第Ⅲ部の学習や個人差というテーマに橋渡しをします。

第1節　発達課題

1. ハヴィガーストの発達課題

　人は乳・幼児期から児童期、青年期へと発達していきますが、当然、発達は連続していますから、各発達段階はそれ以前の段階の発達が基礎になります。各段階の発達が不十分な場合、次の段階への発達に支障が生じます。

　このように、各発達段階には達成しておかなければならない課題があり、**発達課題**と呼ばれます。ハヴィガースト (Havighurst, R. J., 1953) は発達課題という概念を最初に示し、人間が社会で健全で幸福な発達を遂げるよう、各発達段階で達成すべき課題を表 6-1 のように具体的な行動の形で示しました。それらは身体的な成熟、社会の要請・期待、個人の価値観などから構成されています。「生きていくことは学習であり、成長することも学習である」と述べています。

　発達課題は、養育者・教育者の側に立てば、子ども・学習者に対する働きかけを考える際に、教育の向かうべき目標になるでしょう。しかし、どのような課題を達成したら社会に適応できるかは、その時代・社会・文化に左右されます。養育者・教育者はそれを十分に考慮して教育に取り組む必要があるでしょう。そして、単にある行動ができるようになればよいというのではなく、それ

表 6-1　ハヴィガーストの発達課題（ハヴィガースト，1958 より作成）

Ⅰ．乳・幼児期―出生から 6 歳頃―

1．歩行を学ぶ　2．固形の食べ物をとることを学ぶ　3．話すことを学ぶ　4．排泄の仕方を学ぶ　5．性の相違を知り性に対する慎みを学ぶ　6．生理的安定の獲得　7．社会や事物についての単純な概念形成　8．両親、兄弟姉妹および他人と情緒的に結びつくことを学ぶ　9．善悪の区別を学び、良心を発達させる

Ⅱ．児童期　―ほぼ 6 歳から 12 歳―

1．普通のゲーム（ボール遊び、水泳など）に必要な身体的技能を学ぶ　2．成長する生活体としての自分に対する健全な態度を築く　3．同年齢の友だちと仲よくすることを学ぶ　4．男子または女子としての社会的役割を学ぶ　5．読み、書き、計算の基礎的技能を発達させる　6．日常生活に必要な概念を発達させる　7．良心、道徳性、価値基準の尺度を発達させる　8．人格の独立性を達成する（自立的な人間形成）　9．社会的諸集団や諸機関に対する態度を発達させる（民主的な社会的態度の発達）

Ⅲ．青年期　―12 歳から 18 歳―

1．同年齢の男女両性との洗練された新しい交際を学ぶ　2．自己の身体構造を理解し、男性または女性としての社会的役割を理解する　3．両親や他の大人から情緒的に独立する　4．経済的な独立について自信を持つ　5．職業を選択し準備する　6．結婚と家庭生活のために準備をする　7．市民として必要な知識と態度を発達させる　8．社会的に責任のある行動を求め、それを成し遂げる　9．行動の指針としての価値や倫理の体系を学ぶ

Ⅳ．成人前期　―18 歳から 30 歳―

1．配偶者を選ぶ　2．配偶者との生活を学ぶ　3．第一子を家族に加える　4．子どもを育てる　5．家庭を管理する　6．職業に就く　7．市民としての責任を負う　8．適した社会集団を見つける

Ⅴ．中年期　―ほぼ 30 歳からだいたい 60 歳くらい―

1．大人としての市民的・社会的責任を達成する　2．一定の経済的生活水準を築き、それを維持する　3．10 代の子どもたちが信頼できる幸福な大人になれるよう助ける　4．大人の余暇時間を充実する　5．配偶者と人間として結びつく　6．中年期の生理的変化を受け入れて適応する　7．年老いた両親に適応する

Ⅵ．成熟期　―60 歳から後―

1．肉体的な力と健康の衰退に適応する　2．引退と収入の減少に適応する　3．配偶者の死に適応する　4．同年代の人々と明るい親密な関係を結ぶ　5．社会的・市民的義務を引き受ける　6．肉体的に満足な生活が送れるように準備する

に向かう過程こそが大切なのです。発達課題はどの発達段階にもありますから、いずれかの段階に頂点があるのではなく、人は生涯にわたって発達するのです。

2. エリクソンの心理・社会的発達

エリクソン (Erikson, E. H.) は、ライフサイクル (生活周期) の観点から、生涯にわたる精神発達・人格発達を体系化しました。人生を8つの発達段階に分けて、各発達段階には中心的な発達課題があるととらえました。この理論は第1章でみた特定の視点による発達段階のひとつでもありますが、ここでは発達課題に注目して考えたいと思います。

各発達段階には克服すべき心理社会的な**危機** (クライシス) が存在し、人間は危機を克服しながら人格が発達していく、とエリクソンは考えました。危機という概念はとらえにくいですが、次の段階に移行するか否かの分岐点のような意味です。たとえば、青年期では自我同一性の確立が重要な課題ですが、一方で自我同一性の拡散という危機が存在します (第5章参照)。「自分とは何か」を探求し、「何をしたいか、どう生きるかわからない」と思い悩み、試行錯誤します。発達課題と危機のあいだで揺れ動き、克服に向かって努力することで発達するのです。同様に、ほかの各発達段階にも発達課題とその直面すべき危機

		1	2	3	4	5	6	7	8
老年期	Ⅷ								統 合 対 絶望、嫌悪
成人期	Ⅶ							生殖性 対 停 滞	
前成人期	Ⅵ						親 密 対 孤 立		
青年期	Ⅴ					同一性 対 同一性混乱			
学童期	Ⅳ				勤勉性 対 劣等感				
遊技期 (幼児後期)	Ⅲ			自主性 対 罪悪感					
幼児期初期	Ⅱ		自律性 対 恥、疑惑						
乳児期	Ⅰ	基本的信頼 対 基本的不信							

図 6-1　エリクソンの心理社会的発達 (エリクソン, 2001 より作成)

があります（図6-1）。その成功や失敗が次の段階の達成に影響を及ぼします。

【ま と め】
　各発達段階で達成しておかなければならない課題を（　　　）といいます。（　　　）が最初に示しました。また、エリクソンは各段階に課題と（　　　）が存在し、それを克服することで人格が発達すると考えました。たとえば、青年期は（　　　）が重要な課題です。

∵∴∵∴∵∴∵∴∵∴　第2節　発達を促す　∵∴∵∴∵∴∵∴∵∴

1. レディネス

　なんらかの学習をするために必要な発達の準備状態を**レディネス**といいます。みなさんの身近な日常の例でも、十分に準備してから行動を始めるか否かで、その行動の成否に違いがあるはずです。発達途上の子どもであれば、準備状態によって学習の成果が大きく異なる可能性が考えられます。ここでいう学習には、ボタンはめや自転車乗りなどの運動機能も、文字や数の学習などの知的機能も含まれます。準備状態には身体的成熟や知識や興味なども含まれます。

　第1章で述べたゲゼルの階段上り実験を思い出してください。一方の子は階段登りのレディネス以前から、他方の子はレディネスを待ってから学習したところ、実験の終盤には差がみられなくなったという結果でした。これは、手足の力やバランス能力など、階段上りに必要な身体的成熟の状態になる前に教育しても効果がないことを示しています。したがって、学習者の発達の状態を見きわめ、レディネスを待って、最適な時期に教育すべきだといえます。

　それに対して、身体運動でなく知的機能の学習ならどうか、教育の仕方によるのではないか、などの問いが出るかもしれず、レディネスという課題は奥が深いです。また、レディネスを待つのではなく、環境を整えたり適切な指導を行ったりすることで、レディネスを積極的に形成しようとする**レディネス作り**

~~~【コラム】成人期以降の発達 ~~~

　人は生涯にわたり、発達します。本書では紙幅の関係で教員免許に関わる青年期までを詳しく述べましたが、是非、成人期以降の発達も学んでください。

　成人期以降は、社会人として自立し、次世代を育て、社会的責任を担っていくなど、引き続き各段階の発達課題に取り組んでいきます。たとえば、青年期に続く成人前期では、配偶者選択や子育てなどの課題があります。子育てや親としての行動は、子どもが生まれれば誰でも自然にできるわけではありません。子どもがかかわりのなかで発達するように、親もまた子どもと関わるなかで親として発達していくのです。また、社会で働くことは心理的にも社会的にも重要な意味をもち、葛藤や挫折を経て自己実現に向かいます。中年期や老年期には、下降する能力の維持・発展に努力し、家族や社会との関係、そして自分の人生の意味を求め続けます。

　中高年の能力について興味深い研究があります。加齢でも維持され伸び続ける能力もあるのです。知能には**流動性知能**と**結晶性知能**があり、前者はあらたな場面への適応に必要な能力で、具体的には情報処理の速さ・正確さです。後者は過去の学習経験によって形成された判断力や習慣です。流動性知能は 20 代頃をピークに低下するとされていますが、中年期頃まで思ったより維持されますし、結晶性知能に至っては高齢まで伸び続けます。もちろん、そのための努力は必要です。処理速度の遅れを補って余りあるほど経験の力が発揮されるのです。

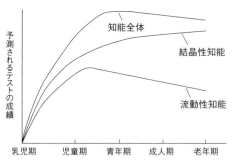

図 6-2　**流動性知能と結晶性知能のモデル**（Horn, 1970；柏木ら，2005）

の教育もあります。ブルーナー (Bruner, J. S.) は「どの教科でも、知的性格をそのまま保って、どの発達段階の子どもにも効果的に教えることができる」と述べて、子どもの認知状態に応じた適切な教育方法で、いかようにもレディネスが作れると考えました。

みなさんは、レディネスを待って教育を行うべきか、それとも教育によってレディネスを作るべきか、どのように思いますか。

2．発達の最近接領域

レディネス作りでみたように、教育が発達に及ぼす影響について、さまざまに検討がなされています。ヴィゴツキー (Vygotsky, L. S.) は教育が発達を促進させると考え、教育的働きかけの重要性に注目して、**発達の最近接領域** (ZPD：zone of proximal development) を提唱しました。子どもには２つの発達水準があり、独力で問題を解決できる水準（現時点の発達水準）と、独力では解決できないがおとなや仲間の適切な援助や助言があれば解決できる水準（潜在的な発達可能水準）を仮定しました。そして、２つの水準のあいだ（ズレ）を「発達の最近接領域」と呼びました。教育とはこの発達しつつある領域に働きかけることであり、また、教育的働きかけによって発達可能水準が現時点の水準へと変わり、次のあらたな発達可能水準が広がることだととらえました。

つまり、おとなや仲間は発達の最近接領域で子どもを援助し、子どもが課題に取り組めるように足場を掛けてあげるわけです。はじめは援助があれば解決できる状態だったのが、しだいに子どもの力が強くなり、最後は子ども自身で解決できるようになっていきます。このような社会的な相互交渉によって、他者の力を内面化して自分のものとする過程を発達

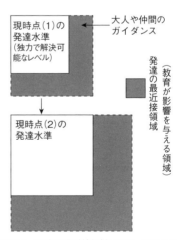

図6-3　発達の最近接領域 (田島，1990より)

ととらえて、発達に対する教育の重要性が説かれました。

　このことから、教育場面で教師は生徒の一歩先の発達状態まで見きわめる目が求められ、今できるより少しだけ難しい課題を設定したり、ヒントや援助で課題に取り組みやすい「**足場づくり**」をする対応が考えられるでしょう。

> 【ま　と　め】
> 　ある学習をするために必要な発達の準備状態を（　　　）と呼び、教育はそれを待つか、それとも育てるかの立場があります。ヴィゴツキーは発達には教育的働きかけが重要であるとして（　　　）を提唱しました。

∴∵∴∵∴∵ 第3節　文化と発達 ∵∴∵∴∵∴

1. 発達は普遍的だろうか

　発達はどの社会・文化でも普遍的でしょうか。それとも、社会や文化に大きく影響されるでしょうか。ピアジェの理論（第1章参照）では、子どもは自分自身のシェマによって環境と相互作用し、文化や社会にかかわらず、発達段階を順にたどると考えられます。それに対して、ヴィゴツキーの理論では、子どもは発達の最近接領域で文化の担い手である大人と社会的相互交渉するととらえており、発達の社会・文化的影響が考えられます。両者の理論は発達を語る時によく対比されます。

　ここで、日々の生活文化が発達に及ぼす影響を示す研究をみてみましょう。たとえば、狩猟民族の子は農耕民族の子より空間概念課題の成績が高く、逆に農耕民族の子の方が保存課題で高い成績を示しました（Dasen, 1973）。このことは、生活に関わる領域の能力がよく発達することを示唆しています。コールとスクリブナー（1982）はこれを「発達の文脈依存・領域固有性」と呼びました。そして、認知発達は普遍的な認知の基礎的過程を土台として、子どもが置かれた社会的・文化的文脈（環境）条件に適応する上で必要な知識や技能を獲得する、と主張しました。

これをもとに、学校教育と発達の関係について考えると、次の2つの見方が導けます。発達が普遍的だととらえるなら、どの環境でも子どもの発達は変わりなく、学校教育は本質的役割を果たさない、となるでしょう。一方、発達が社会・文化に依存するととらえるなら、学校という環境で学ぶことが発達に本質的に重要な役割を果たす、となるでしょう。みなさんはどう思いますか。

2. 学校教育の影響

　学校は社会的・文化的な環境のひとつです。子どもは学校で組織的・体系的に知識を学び、また、多くの仲間たちや教師と関わって社会性も発達します。では、学校経験が子どもの発達にどのような影響をもたらすのでしょうか。

　学校教育の影響について、アフリカのセネガルでの研究 (Bruner et al., 1966) があります。都会で学校に通っている子たち、奥地で学校に通っている子たち、奥地で学校に通っていない子たちに、ピアジェの量の保存課題 (第3章参照) を実施しました。その結果、就学児は住む地域が都会でも奥地でも、学年が上がるにつれて保存反応を示す比率が増大し、11 〜 13歳までにはほぼ全員ができたのに対して、非就学児では11 〜 13歳になっても半数程度の子しか保存反応を示しませんでした。その判断の理由も見かけの特徴に関するものでした。このことから、学校教育の経験が保存概念の獲得に影響することが示唆されます (ただし、この文化では物の操作に力点を置かないことから、文化の影響が出ていると考えられます)。

　また、分類課題を実施した結果でも、就学児と非就学児のあいだで違いがみられました。たとえば、黄色くて丸い置時計、オレンジ、バナナの絵 (図6-4) を見せて、もっとも似ている組み合わせを選ばせ、その理由も説明させました。その結果、低年齢ではどちらの子も色で分類しましたが、年齢が上がるとともに就学児は色による分類が減少し、形や機能による分類へと移行しました。一方、非就学児は年齢が上がっても色による分類が行われました。このことから、学校経験が目につきやすい属性 (色) だけでなく多様な属性 (形や機能など) に基づいて分類する力を形成しやすくすることが示唆されます。

　学校教育で分析的・論理的に多様に思考する力が獲得される理由については、

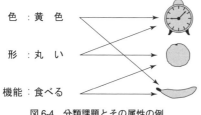

色 ： 黄 色

形 ： 丸 い

機能 ： 食べる

図6-4 分類課題とその属性の例
（Bruner et al, 1966；コール＆スクリブナー，1982より）

そのひとつに言語の自覚的使用があげられます（田島，1990）。学校では言語や記号を用いて、直接経験のない所で新しい概念を形成する指導を行い、思考の道具として言語がよく機能するようになる、と考えます。

　なお、学校教育のあり方もまた、地域文化を強く反映しているようです。たとえば、日米とも学校教育では分析的論理的思考様式の獲得を目指しますが、その学習の過程は異なるそうです（東，1994；宮下，2005）。集団志向的・相互依存的な日本では、子どもは興味がもてない課題でも我慢して忍耐強く注意深く取り組み、子ども同士の協力が重んじられますが、個人志向的・独立的なアメリカでは、自分なりの面白いことを見つけ挑戦する構えが要求され、独創性が重んじられる、とのことです。また、文化によって「頭のよさ」をどうとらえるかも異なりえます。

　これらから、人の思考様式や学習への構えは一通りではなく、学校をはじめとする社会的・文化的な環境のもとでさまざまな経験をすることが発達に影響するといえます。

（柏崎　秀子）

【ま　と　め】
　発達はどの社会・文化でも（　　　）だとする考えと、社会・文化に影響されるとする考えがあります。学校教育の経験によって保存や分類などの認知発達が異なるとする研究は、（　　　）とする考えを支持しています。

【さらに学びたい人のために】
田島信元・子安増生・森永良子・前川久男・菅野敦（編）（2002）．シリーズ／臨床　発達心理学2　認知発達とその支援　ミネルヴァ書房：認知発達の理論について、　ピアジェとヴィゴツキーの理論を詳述し、生涯発達の観点で老年期までを含め

【コラム】文化間を移動する子どもたち

　国際化が進む今日、発達途上で文化間を移動する子ども（齋藤・佐藤，2009）が学級の一員であることも珍しくありません。文化間の移動で社会・文化的環境が大きく変わる子どもたちはどのように発達し学ぶのでしょうか。

　まず、言語環境と思考の発達の関係について見ましょう。幼少期は言語発達が著しい時期です。この時期に異なる言語環境に移ると、場合によって、どの言語でも自分をうまく表現できない状態になる可能性があります。いずれの言語であれ、まずは自己を表現する手段を得ることが大切で、後の思考の発達にも影響します。

　また、小・中学校で、日常会話では円滑にコミュニケーションして不自由がなさそうな子でも、授業になるとよく理解できなかったり混乱したりする場合があります（柏崎，2002）。言語能力には**生活言語能力**（BICS）と**学習言語能力**（CALP）の2種類があり、両者がアンバランスになっていることが原因と考えられます。生活言語は文脈が活用できて具体的であるのに対して、学習言語は文脈から離れて抽象的な思考が行われます。第4章の「ことばの発達」でみたように、思考を支える言語の発達は複雑で重層的なのです。

　さらに、それらの子どもたちの課題は言語だけではありません。文化や生活習慣が異なる環境で生活しているわけですから、日々の生活で心理的な負担が非常に大きいため、心理的・適応的な課題もあるのです。その背景には、言語、宗教、来日（帰国）の経緯、生活に関することなど、多様な事項が複雑に存在しています。ですから、言語習得や教科学習だけでなく、進路や対人関係やアイデンティティなどさまざまな困難や課題を抱えているため、子ども達と向きあう教師には認知的側面と情動的側面の両方を重視した能動的な働きかけが望まれます（新井，2017）。

　日本の学校では今後ますます多様な背景をもつ子どもたちが増えていくでしょう。言語的文化的背景が異なる者同士が同じ教室でともに学ぶことによって、互いの違いや個性を認めあい尊重しあえるように、発達を支援していきたいものです。

た各段階の認知発達と障害の特徴をまとめ、その支援もあげています。

**臼井　博 (2001)．アメリカの学校文化　日本の学校文化——学びのコミュニティ
の創造　金子書房**：社会と文化が発達にいかに関わるか、日米の学校文化の違
いから導いてくれます。

**岡本祐子・深瀬裕子 (2013)　エピソードでつかむ生涯発達心理学　ミネルヴァ書
房**：成人期以降の発達も含めて、生涯にわたる発達について、関連するエピソー
ドとともに理解できます。

【引 用 文 献】

新井雄大 (2017)．「日本語を母語としない児童生徒」の教育的ニーズに対応するためのカ
　ウンセリング・マインド——日本語教師の「カウンセリング・マインド」の応用　実践
　女子大学教職課程年報　創刊号　pp.7-17.

東　洋 (1994)．日本人のしつけと教育——発達の日米比較にもとづいて　東京大学出版会

Bruner, J. S. *et al.* (1966). *Studies in cognitive growth: a collaboration at the Center for
　Cognitive Studies.* John Wiley & Sons.（岡本夏木・奥野茂夫・村川紀子・清水美智子 (訳)
　(1968-1969)．認識能力の成長——認識研究センターの協同研究 (上・下) 明治図書出版）

コール，M.・スクリブナー，S.　若井邦夫 (訳) (1982)．文化と思考——認知心理学的考察
　サイエンス社

Dasen, P. R. (1973). The influence of ecology, culture and European contact on cognitive
　development in Australian Aborigines. In J. W. Berry & P. R. Dasen (Eds.) *Culture
　and cognition: readings in cross-cultural psychology.* Methuen.

エリクソン，E. H.・J. M. エリクソン　村瀬孝雄・近藤邦夫 (訳) (2001)．ライフサイクル、
　その完結〈増補版〉　みすず書房

Havighurst, R. J. (1953) Human development and education. Longmans, Green. ハヴィガー
　スト，R. J. 荘司雅子ほか (訳) (1958)．人間の発達課題と教育——幼年期より老年期ま
　で　牧書店

柏木惠子・古澤頼雄・宮下孝広 (2005)．新版　発達心理学への招待——人間発達をひも解
　く 30 の扉　ミネルヴァ書房

柏崎秀子 (2002)．コミュニケーション支援 2　バイリンガル——在日外国人・帰国子女　岩
　立志津夫・小椋たみ子 (編) (2002)．シリーズ／臨床発達心理学 4　言語発達とその支援
　ミネルヴァ書房　pp.280-284.

宮下孝広 (2005)．発達と教育——日本の教育の文化的特質　柏木惠子・古澤頼雄・宮下

孝広　新版　発達心理学への招待――人間発達をひも解く 30 の扉　ミネルヴァ書房
　　pp.186-192.

齋藤ひろみ・佐藤郡衛 (2009).　文化間移動をする子どもたちの学び――教育コミュニティ
　　の創造に向けて　ひつじ書房

田島信元 (1990).　発達を促す　田島信元・撫尾知信・田島啓子 (編著)　発達と学習――現
　　代教育心理学のすすめ　福村出版　pp.50-63.

第Ⅱ部

Chapter 7 学習の理論①
〜経験により反応が変わる〜

* * * * * *

　「学習」という言葉から、何をイメージしますか。「国語の学習」、「学習参考書」などというように、「勉強」をイメージする人が多いかもしれません。もちろん勉強も学習の大事な例です。しかし心理学で「学習」という時は、もっと幅広い意味で使います。「クラスメートに親切にしたら友だちが増えたので、人に親切にするようになった」のも、「怖い先生にひどく叱られたから、その先生を避けるようになった」のも学習です。教育によって子どもたちがいろいろなことを身につけていくということは、つまり教育を通して学習していくということです。したがって教師は、学習の基本的なしくみを知り、効果的な指導方法（子どもたちにとっては学習方法）を工夫しなくてはなりません。

第1節　学 習 と は

1. 学習の意味

　学習とは「経験により、比較的永続的に行動が変化すること」を指します。ひらたく言えば、経験することで何かが身につき、今までと行動が変わることを学習と呼びます。学習の能力は、動物が生きていくために、この上なく重要なものです。学習の能力があるおかげで、変化する環境に応じて、柔軟に行動を変えることができるのです。

2. 学習の理論——連合説と認知説

　学習のしくみはどのように説明されているのでしょうか。学習の理論は、**連合説**と**認知説**に大別されます。連合説とは、学習の本質は刺激（S：stimulus）と

反応（R：response）の連合である、とする立場です。**S-R説**ともいいます。刺激とは、外界に存在し、感覚をもたらす事物のことを指します。たとえば、今、目に見えているこの本のページ、聞こえてくる人の声などはすべて刺激です。一方、反応とは、生き物が示す活動のことです。たとえば、ページをめくったり、何かに驚いて体がびくっと動いたりすることは、すべて反応です。連合説は、刺激と反応のあいだに結びつきができることが学習である、という考えです。以下で説明する「条件づけ」は、まさに学習を刺激と反応の組み合わせでとらえています。これに対して認知説とは、学習の本質は認知の変化である、という説です。この立場は、刺激や反応ではなく、学習の際に生じる頭のなかでの変化を重視します。認知説については、第8章で勉強します。

> 【ま と め】
> 　学習とは、経験により（　　　）が変化することです。学習の理論は2つに大別されます。（　　　）説は、学習は刺激と反応の結びつきであるという考えです。これに対して（　　　）説は、学習の際に生じる頭のなかの変化に注目する考えです。

∵.∵.∵.∵.∵. 第2節　古典的条件づけ ∵.∵.∵.∵.∵.

1. 条件づけとは

　連合説では、学習を「条件づけ」という形でとらえます。条件づけとは経験により特定の反応を身につけることで、その際、反応と刺激とがなんらかの形で結びつくと考えられます。条件づけには古典的条件づけとオペラント条件づけの2種類があります。古典的条件づけとは、環境（刺激）により受動的に引き起こされる反応の学習です。一方、オペラント条件づけとは、環境に対して自発的に働きかける反応の学習です。以下でそれぞれ詳しく見てみましょう。

2．古典的条件づけの基本的なしくみ

まずは古典的条件づけの典型例である「パブロフの犬」を紹介しましょう。これはロシアの生理学者パブロフ (Pavlov, I. P.) が行った実験で、彼はこのような実験に基づき、条件反射学を創始しました。犬にエサを与えると、犬は唾液を流します。これは生まれつきの反射によるものです。一方、犬にベルの音を聞かせても、当然唾液を流すことはありません。ここで、犬にベルの音を聞かせてからエサを与える、ということをくり返します。すると犬は、エサがなくてもベルの音を聞いただけで、唾液を流すようになります。このように、ある刺激 (この場合はベルの音) によりある反応 (唾液分泌反応) が誘発されるようになることを学習するのが、古典的条件づけです。

この実験において、エサはもともと唾液分泌反応を無条件で引き起こす刺激なので、**無条件刺激**といいます。一方、無条件刺激 (エサ) により引き起こされた唾液分泌反応は、**無条件反応**といいます。また、最初の時点でのベルの音は、唾液分泌反応を引き起こさないので、中性刺激といいます。それが、中性刺激 (ベルの音) と無条件刺激 (エサ) とを対で経験することで、ベルの音だけで唾液分泌反応が起きるようになります。こうなると、ベルの音は条件づけにより唾液分泌を引き起こすようになったので、**条件刺激**と呼ばれるようになります。一方、条件刺激 (ベルの音) により引き起こされた唾液分泌反応は、**条件反応**といいます (図7-1)。

古典的条件づけの図式は少々なじみにくいかもしれませんが、大まかなイメージでいうと、「ある刺激が生じると、思わずある反応が出てしまう (以前はそんな反応は出なかったのに……)」ということの学習です。梅干しを見るだけでつばが湧くのも、

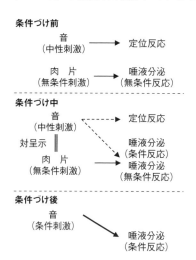

図7-1　古典的条件づけの概念図
(大村, 1996 を一部改変)

怖い先生の顔を見ただけで緊張が走るのも、古典的条件づけです。

3．般化と分化（弁別）

　前記のような学習をしたパブロフの犬は、もともとの条件刺激であるベルの音と似た音を聞いた時も、多少唾液を流すようになります。このように、条件刺激に類似している刺激が、ある程度の条件反応を引き起こすことを**般化**といいます。もうひとつ例をあげると、怖い先生の顔を見るだけで緊張するようになったら、街で先生に似た人を見るだけで、軽く緊張してしまうということがありますね。

　これとは逆に、複数の異なる刺激に対して、それぞれ異なる反応が結びつくことを**分化**（または**弁別**）といいます。たとえばパブロフの犬の場合、ベルＡの音を聞かせた時はエサを与え、ベルＢの音を聞かせた時は何も与えないという手続きをくり返すと、犬はベルＡを聞いた時は唾液を流すけれど、ベルＢを聞いても唾液は流さないようになります。人間の例をあげると、Ａ先生にはしょっちゅう叱られるけれども、Ｂ先生には褒められるという経験をくり返すと、Ａ先生を見た時は緊張し、Ｂ先生を見た時はむしろうれしくなります。

4．消　　去

　一度成立した条件づけが消えることを**消去**といいます。ではどうすれば古典的条件づけは消去されるのでしょうか。パブロフの犬の場合では、ベルの音が聞こえてもエサが出てこなくなれば、犬はベルの音に対して唾液を流さなくなっていきます。このように、無条件刺激（エサ）なしで、条件刺激（ベルの音）のみくり返し経験すると、古典的条件づけは消去されます。

【ま　と　め】
　古典的条件づけの実験で有名なパブロフの犬の場合、ベルの音とエサが対呈示されることで、ベルの音に対しても犬は唾液を流すようになります。この時、エサは（　　　）刺激です。また、ベルの音は最初は（　　　）刺

激だったのが、条件づけにより（　　　　）刺激になります。ベルの音によって誘発された唾液分泌は（　　　　）反応です。条件づけが成立すると、条件刺激と似た刺激に対しても条件反応が起きるようになります。これを（　　　　）といいます。一度成立した古典的条件づけも、条件刺激のみをくり返し呈示することで（　　　　）することができます。

∴⋰∴⋰∴⋰∴⋰ 第３節　オペラント条件づけ ∴⋰∴⋰∴⋰

1. オペラント条件づけの基本的なしくみ

　以上で紹介した古典的条件づけは、刺激により誘発される反応の学習でした。これに対して次に勉強するオペラント条件づけは、環境に対して自発的に働きかける反応の学習です。図7-2はスキナー箱と呼ばれる実験装置で、オペラント条件づけの研究で有名なスキナー（Skinner, B. F.）が考案したものです。レバーを押すとエサ皿にエサが出てくるようになっています。この装置のなかに空腹のネズミを入れると、はじめのうちはいろいろ動き回りますが、そのうちネズミはたまたまレバーを押します。するとエサが出てきます。このような経験をくり返すうちに、ネズミはしきりにレバーを押すようになります。このように、行動した後でなんらかの刺激（通常はその生き物にとって好ましい刺激）が生じることでその行動が増えていくことを、**オペラント条件づけ**（または**道具的条件づけ**）といいます。この時、レバーを押すという行動は、**オペラント行動**（環境に対して自発的に行う行動のこと）といいます。そして、エサは**強化子、強化刺激**または**好子**（オペラント行動の後でその刺激が呈示されることによって、その行動を増やす効果のある刺激のこと）といいます。また、行動に強化子が伴うことによってその

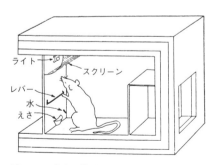

図7-2　スキナー箱（藤田・楠本, 2008 を一部改変）

行動が増えることを**強化**といいます。

　これとは逆に、行動した後でなんらかの刺激 (通常は不快な刺激) が生じることで、その行動が減っていくこともあります。たとえば、もしネズミがレバーを押すたびに、床に電流が流れるとしたら、ネズミはレバーを押さなくなっていくでしょう。この場合、レバー押しはオペラント行動、電流は**罰子**、**罰刺激**または嫌子 (オペラント行動の後でその刺激が呈示されることによって、その行動を減らす効果のある刺激のこと) といいます。

　人間でももちろんオペラント条件づけは日々起きています。たとえば、いつもより1本早い電車に乗ったら (オペラント行動)、とてもすいていて座ることができた (強化子) ので、早い電車に乗るようになった、料理にいつもと違う調味料を入れてみたら (オペラント行動)、とてもまずくなってしまった (罰子) ので、その調味料を使わなくなった、というのもオペラント条件づけです。

2. 弁別刺激

　私たちは通常、なんらかの手がかりをもとに、どのような行動をとるか使い分けています。たとえば、お母さんの機嫌がいい時に限って、お手伝いをするとお小遣いをもらえるとしたら、子どもはそのうちお母さんの機嫌のいい時をねらってお手伝いするようになるでしょう。この場合、子どもはお母さんの機嫌のよしあしを手がかりに、お手伝いをするか否か使い分けています。オペラント行動を行う手がかりとなる刺激のことを**弁別刺激**といいます。この例の場合は、お母さんの機嫌がいいことが、お手伝いというオペラント行動を行うための弁別刺激となっています。以上のオペラント条件づけの図式をまとめると、「弁別刺激→オペラント行動→強化子 (罰子)」という順序になります。

3. ソーンダイクの試行錯誤学習

　オペラント条件づけの研究のもととなったのは、ソーンダイクによる**試行錯誤学習**の実験です。彼は空腹の猫を、問題箱と呼ばれる箱のなかに入れました (図7-3)。この箱は、簡単な仕掛けを操作すれば (たとえばレバーを踏む)、外に出

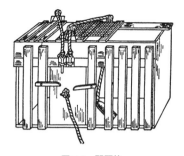

図7-3　問題箱
（Thorndike, 1898; メイザー，2008 より）

てエサが食べられるようになっています。問題箱に入れられた猫はいろいろな行動をしますが、そのうち偶然にレバーを踏み、外に出ることができます。これをくり返すと少しずつ無駄な行動は減っていき、そのうち猫は箱に入れられるとすぐにレバーを踏んで外に出るようになります。猫は試行錯誤により正しい行動を徐々に身につけていったのです。ソーンダイクは実験の結果を**効果の法則**としてまとめました。すなわち、ある状況でとった行動がなんらかの効果をもたらすと、再び同じ状況になった時にその行動が生じやすくなる、というものです。問題箱を弁別刺激、レバー踏みをオペラント行動、外に出てエサを食べられるのを強化子ととらえれば、オペラント条件づけと同じしくみが働いているのがわかりますね。

4．消　　去

　オペラント行動をしても強化子が伴わないという経験をくり返せば、オペラント条件づけを消去することができます。たとえばスキナー箱のネズミの場合、もはやどんなにレバーを押してもエサが出てこないと、そのうちネズミはレバーを押さなくなります。

5．強化スケジュール

　オペラント行動にどのように強化子が伴うかを、強化スケジュールといいます。このうち、行動するたびに毎回強化子がやってくる場合を**連続強化**、時々強化子がやってくる場合を**部分強化**といいます。興味深いことに、連続強化より、部分強化された行動の方が消去されにくいことがわかっています。これを部分強化効果（または強化矛盾、ハンフリーズ効果）といいます。たとえばスキナー箱のネズミの場合、レバーを押すたびに毎回エサをもらえる場合（連続強化）よ

りも、時々しかエサをもらえない場合（部分強化）の方が、ネズミはレバー押しをなかなかやめようとしません。

6. 教育への応用

　教育場面ではしばしば、子どもが望ましい行動をしたら強化子を与えます。教育はオペラント条件づけの連続です。強化子は、お金や食べ物など物のみが効果的なのではなく、ほめられることや人に認められることなども、効果的な強化子として働きます。教育ではぜひほめるという強化子を活用してください。さらに、自分の行動に対してみずから強化子を与える自己強化を子どもができるようになれば、自分で自分の行動をコントロールし、達成感を味わうことにつながります。一方、罰（叱るなど）はやはり教育上よく使われるものではありますが、罰を与えることは教師や授業に対する恐怖や嫌悪感を生みがちなので、与え方には注意が必要です。

　オペラント条件づけの原理を使い、子どもにある行動を身につけさせようとしても、その行動が複雑なためなかなか難しい場合があります。そのような時は、**シェイピング（反応形成）**という方法が使えます。シェイピングとは、複雑な行動や難しい行動を身につけさせたい時に、いきなり目標となる行動をさせ

【コラム】新行動主義

　ワトソンが行動主義を唱えた後で、彼の考えを引き継いで、新行動主義と呼ばれる行動理論が次々と出てきました。新行動主義者として分類される研究者には、スキナー、動因低減説を提唱したハル、第８章で登場するトールマンなどがいます。新行動主義のいくつかの理論に共通してみられる特徴は、ワトソンが刺激―反応（S－R）という単位で行動をとらえようとしたのに対し、新行動主義では刺激―生活体―反応（S－O－R: stimulus-organism-response）というとらえ方をしたことです。つまり、刺激と反応が機械的に結びつくのではなく、反応を行う人や動物の要因が行動に影響を与えるとしたのです。

るのではなく、その行動を単純な行動へと分解して少しずつ条件づけし、次第に目標行動へと近づけていく方法です。

　この章では、連合説による学習のとらえ方として、2種類の条件づけを紹介しました。条件刺激や条件反応、オペラント行動や強化刺激など、条件づけが学習を刺激と反応（行動）の組み合わせとしてとらえているという意味がおわかりいただけたと思います。連合説は、ワトソン（Watson, J. B.）が主張した**行動主義**という考え方の影響を強く受けています。行動主義とは、心理学は目に見えない心というものを研究するのではなく、客観的に観察可能な行動を研究対象とするべきであるという立場で、刺激と反応の関係の法則性を見つけることを心理学の目的としました。連合説も学習を刺激と反応（行動）という観点からとらえており、その際に心・頭のなかでどんな変化が起きているかにはふれません。これに対し次の第8章で勉強する認知説では、学習の際に起きる頭のなかの変化に注目することになります。

（宮脇　郁）

【ま　と　め】

　オペラント条件づけは別名（　　　）条件づけともいい、研究者としては（　　　）が有名です。オペラント条件づけの実験において、ある色の照明がついた時だけネズミがレバーを押せばエサがもらえるという場合、照明は（　　　）刺激、レバー押しは（　　　）行動、エサは（　　　）子となります。強化子の与え方については、毎回強化子を与える（　　　）強化より時々与える（　　　）強化の方が、消去されにくいことがわかっています。ソーンダイクが示した（　　　）学習は、オペラント条件づけ研究の基礎となりました。

【さらに学びたい人のために】

TED（2013）．**古典的条件付けとオペラント条件付けの違い──ペギー・アンドー
ヴァー** https://www.ted.com/talks/peggy_andover_the_difference_between_
classical_and_operant_conditioning/transcript?language=ja&subtitle=ja：各界
の有名人による世界的講演会 TED の Web サイトで、2種類の条件づけを説明
するスピーチが公開されています。英語ですが、日本語字幕を出せます。

**山内光哉・春木豊（編）（2001）．グラフィック学習心理学──行動と認知　サイエ
ンス社**：学習全般に関する入門書です。この章だけでなく、第8章、第9章の
参考文献としても使えます。図表がとても豊富です。

【引 用 文 献】

藤田主一・楠本恭久（編著）（2008）．教職をめざす人のための教育心理学　福村出版

Mazur, J. E.（2006）. *Learning and Behavior;* 6th ed. Upper Saddle River, Prentice Hall.（メ
イザー，J. E. 磯博行・坂上貴之・川合伸幸（訳）（2008）．メイザーの学習と行動　日
本語版第3版　二瓶社）

大村彰道（編）（1996）．教育心理学Ⅰ　発達と学習指導の心理学　東京大学出版会

Thorndike, E. L.（1898）. Animal intelligence: An experimental study of the associative
processes in animals. *The Psychological Review Monograph Supplement*, **2**(4, Whole
No.8).

学習の理論②
～経験により頭のなかが変わる～

* * * * * *

　学習が生じる時には頭のなかでなんらかの変化が起きていることを、私たちは日々の生活のなかで感じています。たとえば地理の勉強をすることで世界の地名の知識が増えたり、数学の問題の解き方を学ぶことで、今まで意味不明にみえていた問題の構造が、「わかった！」とすっきりと見渡せるようになったりします。認知説とは、学習の際に頭のなかで起きる変化に注目する考え方です。この章では認知説の代表的な理論を勉強し、さらに後半で効果的な学習を行うためのポイントをいくつかみてみましょう。

∴∵∴∵∴∵∴ 第1節　学習の認知説 ∵∴∵∴∵∴∵

1. 認知説とは

　第7章では、学習の理論のうち連合説を勉強しました。連合説は、学習の本質は刺激と反応の連合であるという立場でしたね。それに対して**認知説**とは、学習の本質は認知構造の変化である、という立場です。**S-S説**（sign-significate theory: 記号─意味学習説）ともいいます。認知とは、知識を得ることに関わる精神過程のことです。人や動物の知的な機能といってもよいでしょう。認知説は、学習の際に生じる知的な面の変化を重視します。つまり、学習の本質は頭のなかで起きる変化である、とする立場です。連合説が外界に存在する刺激と、外部から客観的に観察可能な反応に注目していたのとは対照的に、認知説は、頭のなかという内面の変化に注目しているのです。以下では、認知説の代表的な理論を概観していきましょう。

２．認知説の代表的な理論

（1）ケーラーの洞察説

　ケーラーはチンパンジーを対象とした問題解決の実験に基づき、**洞察による学習**が存在すると主張しました（**洞察説**）。たとえば、直接には届かないような高い所にエサをぶら下げると、チンパンジーははじめのうちは飛び跳ねてエサを取ろうとしましたが、すぐにそれをやめ、離れた所に置いてある箱を持ってきて踏み台として使用することにより、エサを取ることができました（Köhler, 1924）。これは、やみくもに行動した結果としてたまたまエサを取れたという解決法とは異なります。チンパンジーは、エサを取るという目的に照らして、はじめは無関係に見えていた箱を手段としてとらえることができるようになったのだと考えられます。つまり、チンパンジーの頭のなかで状況のとらえ方が切り替わったのです。このように、問題の状況をとらえ直して一気に解決の見通しを立てることを洞察といいます。なぞなぞや数学の問題を解く時に、ぱっと答えがひらめくことがありますね。これも洞察の一種といえるでしょう。洞察による学習は、いろいろな行動を試すうちに少しずつ適切な行動を身につけていく試行錯誤学習（第７章参照）とは対照的です。

（2）トールマンのサイン・ゲシュタルト説

　トールマンはネズミの迷路学習の実験により、学習における認知的過程の重要性を示しました。たとえば、ネズミはエサのような強化子によって行動が強化されなくても、迷路のなかをただうろついているだけで、頭のなかで迷路の空間関係（認知地図といいます）を学習します。第７章の連合説に従えば、迷路で正しいルートをたどるという行動を学習するためには、強化子となる刺激（この場合はエサ）が必要なはずですが、実際にはそのような刺激がなくても、ネズミは認知地図を学習するのです。この実験は、連合説の主張に反して、学習には刺激と反応の直接的な結びつきが必ずしも必要ないことを示しています。トールマンによると、人間や動物は行動する際に目的（たとえばエサを手に入れること）をもっており、ある刺激（たとえば迷路のなかのある通路）が目的達成のためのサイン（記号）となることを認知することにより、学習が生じるとしまし

た。たとえばネズミの迷路学習の場合、迷路のなかの通路というサインのもと
で、あるルートをたどるという行動をとれば、エサという目的にたどりつくと
いう手段－目的の関係性を認知することにより学習が生じます。トールマンの
このような考えを、**サイン・ゲシュタルト説**といいます。

（3）レヴィンの場の理論

　レヴィンは、行動は人の要因と環境の要因の両方によって決まると考え、こ
れを $B = f(P, E)$ という式で表現しました。ここで B は行動、P は人、E は環
境を表します（しかも環境とは外的で客観的な環境ではなく、その人が認知した主観的な
環境です）。f は $y = f(x)$ という式の f と同じで、関数を表します。つまりレヴィ
ンの式は、行動は人と環境の関数であるという意味です。同じ環境に置かれて
も、人によって行動が異なるということがありますね。行動は環境だけで決定
されるのではなく、人の要因や、人が環境をどのように認識するかによっても
左右されるのです。レヴィンは場の理論において、環境と人とが分かちがたく
相互作用しあって全体的な「場」を形成し、行動が生じると考えました。第7
章で紹介した連合説は、反応（行動）は刺激（環境）によって決まるという考え方
だったのに対し、レヴィンの理論では、行動の主体である人や、その人が環境
に対して抱く認識という要因が重視されているので、認知説的な考え方ととら
えることができます。

第2節　観 察 学 習

　私たちはみずから行動しなくても、他人の行動を観察するだけで学習することがあります。言い換えると、直接経験がなくとも、代理経験による学習が可能です。たとえば、兄がお母さんのお手伝いをすることによりお小遣いをもらったところ、それを見ていた妹もお手伝いをするようになるといったことがあります。このように、他者を観察するだけで成立する学習のことを**観察学習**（または**モデリング**）といいます。この時、お手本となる他者（この場合は兄）のことを**モデル**、また、モデルが強化を受けること（兄がお小遣いをもらうこと）を**代理強化**といいます。観察学習では、本人がみずから行動をしているわけでもないし、直接強化を受けているわけでもないのに、学習が成立します。したがって、学習が成立するには観察者の頭のなかでの認知的な過程が働いていると考えられるので、観察学習も認知的な学習の一種ととらえることができます。

　観察学習の能力をもつことは、生きていく上で非常に有利なことです。なぜなら、自分の経験できる範囲を超えてたくさんのことを学習することができるからです。観察学習のモデルはテレビや漫画のなかの人物でもかまいません。また、有害なことをみずから経験せずに学習できるという利点もあります。教育の際にも、観察学習は役に立ちます。たとえばすべての子どもに個別で指導することができない時には、代表の子どもに指導し、ほかの子どもにはそれを

観察学習させるという方法をとることができます。

　観察学習に代表されるような、他者を介することにより成立する学習のことを、**社会的学習**と総称します。バンデューラ（Bandura, A.）はこのようなタイプの学習を研究し、**社会的学習理論**としてまとめました。バンデューラの行った攻撃性に関する有名な実験を紹介しましょう（Bandura, 1965）。彼は子どもたちに、大人が人形に対して暴力をふるっている映像を見せました。その後、子どもを人形が置いてある遊び部屋に連れて行き、自由に遊ばせました。その結果、映像を見た子どもは見なかった子どもに比べて、人形に対してたくさんの暴力をふるったのです（図8-1）。子どもたちは、映像のなかの大人を観察するだけで、人形に対する攻撃的な行動を学習しました。昔から「子どもは親の背中を見て育つ」というように、子どもは大人の行動を自然と観察学習してしまうことがあります。子どもにまねされて困る行動は、子どもの前でやってはいけないのです。

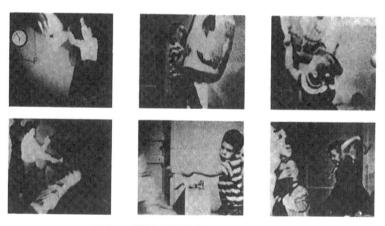

図 8-1　攻撃性の観察学習（ジンバルドー，1981）

第3節　効果的な学習を行うには

1. 技能学習と学習曲線

　学校教育ではスポーツ、包丁の使い方、外国語の発音、パソコンのタイピン
グなど、各種の技能を習得させることがあります。このような学習を**技能学習**
といいます。感覚系と運動系をうまく協調させること（感覚運動協応）が重要な
ので、感覚─運動学習（または知覚─運動学習）とも呼びます。

　技能学習のように継続的な練習を行う場合には、そのプロセスを**学習曲線**と
して表すと上達具合がよくわかります。学習曲線とは、横軸に練習回数や時間、
縦軸に正反応数や失敗数をとったグラフです（図 8-2）。通常、練習が進むにつ
れて成績は少しずつ向上していきますが、時に進歩が見られず学習曲線が横ば
いになることがあります。これを**高原現象（プラトー）**といいます。いわゆるス
ランプの時期といえますね。高原現象
が生じた場合は、疲労、学習意欲の低
下、不適切な学習方法などの原因が考
えられますので、学習について見直し
を行うとよいでしょう。また、一見伸
び悩んでいるようでも、実は表に表れ
ないところで学習が進んでいることも
あります。

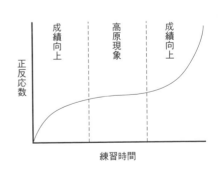

図 8-2　学習曲線の模式図

2．効果的な学習のポイント

（1）結果の知識

　効果的な学習を行うには、学習者がみずからの遂行の結果を確認することが重要です。たとえば、目隠ししてバスケットボールのシュートの練習をしても、上達は期待できません。自分の打ったシュートがゴールに入ったのか外れたのか確認し、それを次の遂行に生かすことで上達していきます。このような遂行の結果についての正誤情報のことを、**結果の知識**（knowledge of result: **KR**）といいます。教師が生徒に結果の知識を**フィードバック**することは、授業の際に必要なコミュニケーションのひとつです。結果の知識は、遂行後すぐに与えた方が効果的です。これを即時フィードバックといいます。またその内容については、どこがどの程度間違っているかなど、具体的で明確な方が効果的です。

（2）集中学習と分散学習

　学習時間の配分方法には、休憩を入れずに続けて学習する**集中学習**と、途中で休憩をはさみながら学習する**分散学習**の２種類があります。一般に分散学習の方が学習効率がよいといわれています（図8-3）。休みなしに学習すると疲労や飽きにより成績が低下しがちですが、休憩を入れると、休憩前より成績が向上することがしばしばあります。これを**レミニセンス**といいます。分散学習の効果には、このレミニセンスが関係していると考えられています。レミニセンスは技能学習のみでなく、記憶課題でもみられます。

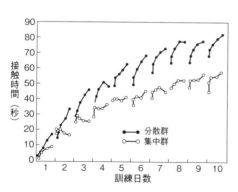

図 8-3　集中学習と分散学習の比較
（Kinmble & Shatel, 1952; 山内・春木，2001 より）

（3）全習法と分習法

　学習内容の配分方法には、大別して**全習法**と**分習法**の２種類があります。全習法は、学習内容を分割せずに全体をひとまとまりとして学習するこ

とをいいます。これに対して分習法は、学習内容をいくつかに分割して学習し、後でそれを1つにまとめることをいいます。どちらが効果的かは一概にはいえませんが、一般的には、一連の内容にまとまりのあるものや、無理なくまとめて練習できるものについては、全習法の方が効果的といわれます。

3. 学習の転移

　前に学習したことが後から学習することに影響を与えることを、**学習の転移**といいます。この時、バイオリンの学習経験があるためにヴィオラの上達が早いというように、前の学習が後の学習を促進することを**正の転移**といいます。逆に、右ハンドルの車の運転に慣れているために左ハンドルの運転が難しいというように、前の学習が後の学習を妨害することを**負の転移**といいます。オズグッドは転移逆向曲面という理論において（図8-4）、前の学習と後の学習のあいだでの刺激（課題）や反応の類似性と、正・負の転移の量との関係を述べています（Osgood, 1949）。たとえば、課題が類似し反応も類似していれば、正の転移が起きるのに対し、課題が類似しているけれど反応が異なっている場合には、負の転移が起きると予想されます。教育上は、できるだけ正の転移が起きることが望ましいことは言うまでもありません。たとえば数学で学習したことが理科の学習に生かされる、あるいは学校で学んだことが日常生活にも生かされるなど、学習したことが広がりをみせることが理想的です。類似したいろいろな

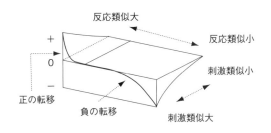

図 8-4　オズグッドの転移逆向曲面
（Osgood, 1949; 新井, 2000 より）

課題がある時、個別の課題を学習するのではなく、学習の仕方自体を学習することを、**学習の構え**（学習セット）の形成といいます。学習の構えを身につけると正の転移が生じますし、学び方を学習することは自己学習力にもつながります。

　以上、効果的な学習のためのポイントをいくつかあげましたが、当然ながら学習者自身の学習意欲も重要です。この点については、第10章の動機づけで学びます。

（宮脇　郁）

【ま　と　め】

　技能学習のように継続的な練習を行う場合には、そのプロセスを（　　　）としてグラフで表すことができます。この時、成績の向上がみられずグラフが横ばいになることを（　　　）現象または（　　　）といいます。効果的な学習を行うには、遂行の結果についての正誤情報である（　　　）をきちんと知ることが必要です。また、休みなしで行う（　　　）学習より、休みを挟みながら行う（　　　）学習の方が効果的です。学習したことは、後から行う学習に対して（　　　）の転移を示すことが望ましいです。

【コラム】形式陶冶と実質陶冶

　学習の転移と関連が深い教育観に、形式陶冶と実質陶冶があります。形式陶冶とは、個別の教科の知識そのものを教えることよりも、それらの教科を通して記憶力や思考力などの一般的能力を育てることを重視する立場です。この立場は学習の転移が生じることを前提としており、一般的能力が向上すればそれがさまざまな領域に転移すると考えています。これに対して実質陶冶とは、一般的能力ではなく実生活に役立つ具体的な知識を教えるべきとする立場です。この考え方では、学習の転移の可能性を否定しています。実際のところは、学習の転移は形式陶冶で考えるように無制限に生じるわけではありませんが、類似した領域間ではある程度生じることが期待できます。

【さらに学びたい人のために】

ePsych: an electronic Psychology text http://epsych.msstate.edu/adaptive/ learningByObservation/index.html：ePsych という心理学の電子テキスト（英語のみ）のなかで、チンパンジーの観察学習の動画が見られます。ヘイズ夫妻が育てたヴィキという有名なチンパンジーです。上記の URL で "Learning by Observation" というページが開いたら、"next" を 2 回クリックすると動画選択のページが出てきます。

大山正他（1990）. 心理学のあゆみ（新版） 有斐閣：ケーラー、トールマン、レヴィンなど、心理学史上有名な研究者の考えが解説されています。このほかにも、行動主義やゲシュタルト心理学などについても詳しいです。

【引 用 文 献】

新井邦二郎（編著）（2000）. 図でわかる学習と発達の心理学　福村出版

Bandura, A.（1965）. Influence of models' reinforcement contingencies on the acquisition of imitative responses. *Journal of Personality and Social Psychology,* **1**(6), 589-595.

Köhler, W.（1921）. *Intelligenzprüfungen an Menschenaffen. 2. Aufl.* Springer.（ケーラー, W. 宮 孝一（訳）（1962）. 類人猿の知恵試験　岩波書店）

Kimble, G. A., & Shatel, R. B.（1952）. The relationship between two kinds of inhibition and the amount of practice. *Journal of Eperimental Psychology,* **44**(5), 355-359.

Osgood, C. E.（1949）. The similarity paradox in human learning: A resolution. *Psychological Review,* **56**(3), 132-143.

山内光哉・春木豊（編著）（2001）. グラフィック学習心理学──行動と認知　サイエンス社

Zimbardo, P. G.（1980）. *Essentials of Psychology and Life.* 10th ed. Glenview, Ill.; Scott, Foresman.（ジンバルドー, P. G. 古畑和孝・平井久（監訳）（1981）. ジンバルドー現代心理学Ⅲ　サイエンス社）

Chapter

9 学習と記憶

* * * * * *

　英単語、歴史の年号、四字熟語、数学の公式……。私たちは勉強する時、たくさんのことを記憶しようとします。そして「もっと記憶力がよかったらなあ」などとため息をつきます。このように考えると、教育にとって記憶はとても大事なことがわかります。この章では記憶のしくみについて勉強しましょう。心理学において「記憶」は指す範囲が非常に広く、上記のような学校で学ぶ知識も含みますし、子どもの頃の思い出、さらには自転車の乗り方なども含みます。そこで、まずは記憶をいくつかのタイプに分け、それぞれのタイプの記憶の特徴を紹介します。さらに後半では、上手に覚えるための工夫もみてみましょう。

第1節　さまざまな記憶

1. 記憶の3段階

　記憶は**符号化、貯蔵、検索**という3段階のプロセスとしてとらえることができます。符号化とは入力されてきた刺激を記憶へと変換することで、記銘ともいいます。貯蔵とは符号化によって形成された記憶を貯えておくことで、保持ともいいます。検索とは貯蔵されている記憶のなかから特定の情報を取り出すことで、想起ともいいます。単純化していえば、符号化は「覚えること」、貯蔵は「覚えて（貯えて）おくこと」、検索は「思い出すこと」にあたります。

2. 記憶の種類

　記憶は保持可能な時間によって、感覚記憶、**短期記憶、長期記憶**の3つに分けることができます（図9-1）。入力されてきた情報は最初に一瞬だけ感覚記憶に保持され、次にその一部が短期記憶へ送られて一時的に保持され、さらにその一部が長期記憶に送られて半永久的に記憶されます。以下でそれぞれ詳しく

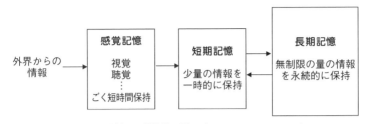

図 9-1　記憶の二重貯蔵モデル（Atkinson & Shiffrin, 1968）

みてみましょう。

（1）感 覚 記 憶

　外界から眼や耳などの感覚器官に入ってきた情報は、まず感覚記憶に保持されます。感覚記憶は、視覚なら視覚用の感覚記憶、聴覚なら聴覚用の感覚記憶というように、感覚の種類別に、入ってきた情報をほぼそのままの形で保持します。感覚記憶の保持時間は非常に短く（たとえば視覚なら数百ミリ秒以内、聴覚なら数秒以内）、すぐに情報は消えていってしまいますが、そのなかで注意が向けられた情報のみ、次の短期記憶へ送られます。

（2）短 期 記 憶

　短期記憶は情報の一時的な貯蔵庫であり、その保持時間が数十秒程度と短いことが特徴です。この数十秒のあいだに情報が長期記憶に送られないかぎり、忘れ去られてしまいます。ただし、短期記憶内で情報を何度も想起する**リハーサル**という処理を行うことにより、忘却を防ぐことができます。リハーサルには、維持リハーサルと精緻化リハーサルの2種類があります。維持リハーサルは、たとえば電話番号を忘れないように何度も頭のなかでくり返し復唱するように、情報を機械的に反復することです。維持リハーサルを行っているあいだは、情報は短期記憶から失われずにすみます。ただし情報を長期記憶に送るためには、維持リハーサルはあまり効果がありません。もうひとつの精緻化リハーサルは情報を長期記憶に定着させるリハーサルであり、単純に反復するのではなく、覚えるべき情報に対していろいろな操作を行います。たとえば電話番号で語呂合わせを作ったり、英単語を覚えるためにその単語のイメージを思

い浮かべたり例文を作ったりするようなことです。

　短期記憶のもうひとつの大きな特徴は、その容量（保持できる量）が非常に限られているということです。短期記憶の容量は、成人ではおよそ 7 ± 2 チャンク程度しかありません（チャンクとは情報の心理的なまとまりのことです）。ミラーはこれを「**不思議な数 7 ± 2**」と呼んでいます。数字でしたら 7 桁程度ということになります[1]。入力情報の量が短期記憶の容量を超えてしまうと、その情報を覚えたり理解したりするのがとても難しくなります。したがってものを教える時には、一度にあまりに多くの情報を与えるのは避けねばなりません。

　なお、複数のチャンクを 1 つのチャンクにまとめることを**チャンク化**（**チャンキング**）といい、こうすることで覚えられる量を増やすことができます。たとえば、JALATMUSAWHO という文字列は、一文字単位でみれば 12 チャンクなので覚えるのが困難ですが、JAL、ATM、USA、WHO とチャンク化すれば 4 チャンクなので、容易に覚えることができます。

　このように短期記憶とは、限られた量の情報を短時間だけ覚えておけるタイプの記憶です。これはずいぶん不便なようにみえますが、短期記憶の役割は、現在の活動にとって必要な情報を一時的に保持しておくことなので（たとえば会話の際に、相手が直前に言ったことを少しのあいだだけ覚えておく）、これで十分なのです。人生で経験する膨大な量の情報を永続的に蓄積していくのは、次の長期記憶の役割です。

（3）長 期 記 憶

短期記憶の情報の一部は長期記憶に送られます。長期記憶は、情報を永続的に保持でき、容量もほぼ無制限です。長期記憶は**手続記憶**と**宣言的記憶**に分かれます（図9-2）。手続記憶とは、認知的活動や動作のやり方の記憶です。たとえば、自転車の乗り方、キーボードのタイピング、文法的に正しい文の作り方などがそうです。手続記憶は言葉やイメージの形で思い出すことが難しく（「自転車の乗り方を言葉で説明してください」と言われても、非常に難しいですね）、実際に遂行することを通して自動的に想起しています。

これに対して宣言的記憶とは事実についての記憶であり、その内容を言葉やイメージによって表現することが容易です。宣言的記憶はさらに**エピソード記憶**と**意味記憶**に分かれます。エピソード記憶とは、自分が経験した出来事についての記憶です。「幼稚園の時デパートで迷子になった」、「昨日の晩は映画を観に行った」などです。一方の意味記憶は一般的知識の記憶です。概念や言葉の意味、一般常識、学校で学ぶような事項など、広い意味での知識が含まれます。たとえば、日本語や英語の単語の意味、「神奈川県の県庁所在地は横浜である」、「1600年に関ヶ原の戦いがあった」などがその例です。意味記憶には、**スキーマ**と呼ばれるタイプの知識も含まれます。スキーマとは、情報を理解したり記憶したりする際の枠組みとなるような知識のかたまりを指します。たとえば学校に関するスキーマには、学校とはどのような組織でどんな人から構成されるか、学校ではどんな勉強をするか、学校での行事にはどのようなものがあるか、などの知識が含まれます。そしてたとえば「昨日放課後に文化祭の準備をしていたら先生が来て……」という話を聞く際には、学校に関するスキーマを自然にあてはめて理解しています。

学校教育は、しばしば技能を身につけることや知識を獲得することを目標にします。つまり、手続記憶や意味記憶の定着を図っています。そのような記憶を自由自在に使え

図9-2　長期記憶の区分

るようになるためには、ある程度反復して経験することが必要です。復習や継続的な練習はやはり重要なことなのです。

3．系列位置効果

　短期記憶と長期記憶という区分の根拠のひとつが、**系列位置効果**です。たとえば15個程度の単語を1回だけ聞かせ、その直後に順不同に想起させると、その結果は図9-3の「0秒」というグラフのようにU字型になります。最初の方で聞いた単語の成績がいいことを**初頭効果**、最後の方で聞いた単語の成績がいいことを**新近性効果**といいます。これらを系列位置効果といい、図9-3のようなグラフを**系列位置曲線**といいます。新近性効果がみられる部分は、主に短期記憶から想起したと考えられます。このため、単語を聞かせた直後ではなく、数十秒経過したのちに想起させると、新近性効果は消失してしまいます（図9-3の「10秒」「30秒」のグラフ）。一方、それより前の部分は主に長期記憶から想起していると考えられます。初頭効果がみられるのは、最初の方に聞いた単語に対しては十分なリハーサルを行うなど、長期記憶に根づかせる工夫を行う余裕があるためと考えられます。

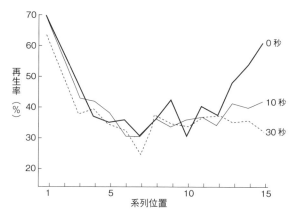

図9-3　系列位置曲線（Glanzer & Cunitz, 1966; ラックマン他, 1988 を一部改変）

> 【ま　と　め】
> 　記憶の３段階のうち、覚えることを（　　　　）または記銘、たくわえて
> おくことを（　　　　）または保持、思い出すことを（　　　　）または想起と
> いいます。記憶にはいくつかのタイプがあり、情報の一時的な貯蔵庫であ
> る（　　　　）記憶、膨大な量の情報を永続的に保持する（　　　　）記憶など
> に分かれます。後者はさらに、認知的活動や動作のやり方の記憶である
> （　　　　）記憶と、事実についての記憶である（　　　　）記憶に分かれます。

∵∴∵∴∵∴∵ 第２節　上手に覚えるには ∵∴∵∴∵∴∵

　学んだことをしっかりと長期記憶に根づかせるために、どのような工夫をす
ればよいでしょうか。まずすでに述べたように、情報を機械的に反復する維持
リハーサルより、なんらかの操作を行う精緻化リハーサルの方が効果的です。
また、**処理水準説**という考えによると、浅い情報処理より深い情報処理を行っ
た方が長期的に覚えられます。深い情報処理とは意味的な処理のことであり、
これに対して浅い処理とは知覚レベルですむような処理のことです。たとえば
英単語の記憶の場合、なんとなく字面を見て覚えたり、意味を考えずに単純に
発音してみたりするよりも、例文を作るなど意味に注目した作業を行った方が
よく覚えられます。理解するということも、意味的な処理といえます。リハー
サルや処理水準の考えからは、やはり機械的な丸暗記は効果が低く、しっかり
内容を理解した上で覚えることが重要なことがわかります。

　さらに、たくさんの関連した情報を覚える際には、雑然としたまま覚えるの
ではなく、**体制化**、すなわち関連性に基づいて整理して覚えた方がよく覚えら
れます。たとえば元素の種類をいろいろ学んだら、周期表などを活用して、似
た性質のものをまとめあげて覚えることなどです。体制化を行うと、しっかり
覚えられるだけでなく、思い出す際にも自然と楽に思い出すことができます。
体制化、**精緻化**、意味的な処理などは、教師に行ってもらったり参考書に載っ

ているものを活用したりするのも効果的ですが、生徒が自分で英単語の例文を作るなど、みずから行うとさらに効果的です。このように、上手に勉強するためには、自分でその方法を工夫したり、自分で自分の頭のなかの状態をチェックしたりする能力が欠かせません。自分自身の認知的活動をモニタリングしたりコントロールしたりすることを、メタ認知といいます。メタ認知の能力を高めることは、学ぶ力の強化につながります（第11章参照）。

【ま　と　め】
　情報を長期記憶に符号化するには、情報を機械的に反復する（　　　）リハーサルより、なんらかの操作を行う（　　　）リハーサルの方が効果的です。また、（　　　）説によると、情報に対して深い処理すなわち（　　　）的な処理を行った方がよく覚えられます。さらに、関連した情報は整理してまとめあげる（　　　）を行うと、しっかり覚えられます。

∴∵∴∵∴ 第3節　思い出すことと忘れること ∴∵∴∵∴

1. 記憶の測定法

　学校で行う試験では、教わったことをどの程度覚えているかを測定することがよくあります。記憶を測定する代表的な方法には、**再生法**、**再認法**、節約法（再学習法）があります。再生法とは、記憶した項目を生成させることです。これに対して再認法とは、選択肢のなかから記憶した項目を見分けることです。たとえば、穴埋め問題において、「空欄にあてはまる語を記述しなさい」は再生法、「空欄に当てはまる語を選択肢から選びなさい」は再認法になります。一般に、再生法より再認法の方が成績はよくなります。節約法では、記憶すべき項目をいったん覚えた後で、時間をおいて再学習します。そして一度目に覚えた時より再学習の時の方が、どのくらい時間や回数を節約できたかを測定します。

2. 忘　　却

　忘却はどのような経過をたどっていくのでしょうか。19世紀に歴史上はじめて系統立てた記憶実験を行ったエビングハウスは、忘却の経過を**忘却曲線（保持曲線）**として表しました（図9-4）。この図からわかることは、記憶は覚えた直後に急速に忘れられていくということです。いったん「よし、覚えたぞ」と思っても、少し経てば案外忘れてしまうものなのです。

　では、なぜ忘却は起きてしまうのでしょうか。この問題については、いろいろな説があります。減衰説では、時間とともに頭のなかの記憶痕跡が薄れていくためとしています。しかし長期記憶の情報は、一般的に考えられているほど減衰しないことがわかっています。これに対して干渉説では、他の情報によって干渉を受けるために忘却が生じるとしています。たとえば一度覚えた後でさらにいろいろな情報にふれることにより、覚えたものが失われます。抑圧説はフロイトの精神分析学に基づいた説で、不快な記憶を無意識へと押しやろうとするために、忘却が生じるとするものです。抑圧は一部の記憶に対しては生じるかもしれませんが、すべての忘却を説明することは困難です。最後に検索失敗説は、実は頭のなかで記憶は失われていないが、思い出すための適切な手がかりがないために、想起が不可能になっているという考えです。このように忘却については諸説ありますが、いずれにせよ、忘却を防ぎスムースな検索を可能にするには、前節であげたように意味的な処理や体制化を十分に行うとともに、忘れかけた頃に復習するということが大事です。

（宮脇　郁）

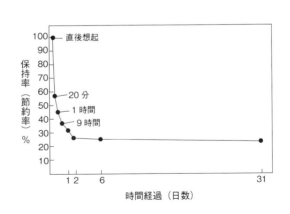

図9-4　**忘却曲線**（Ebbinghaus, 1913; 山内・春木, 2001より）

【ま と め】

　記憶の測定法のうち、記憶した項目を生成させるのを（　　　）法、選択肢のなかから記憶した項目を見分けさせるのを（　　　）法といいます。忘却についてはエビングハウスの忘却曲線によると、記憶は覚えた（　　　）にもっとも急速に忘れられていきます。忘却が起きる原因については、記憶痕跡が薄れていくためという（　　　）説、他の情報によって妨害されるためという（　　　）説、不快な記憶が無意識へ押しやられるという（　　　）説、思い出すための手がかりがないために一時的に思い出せなくなっているという（　　　）説などがあります。

【注】

1) その後の研究において、短期記憶の容量をより厳密に測定すると、4項目程度（4 ± 1）になるという説も出ています。

【さらに学びたい人のために】

シャクター，D. L.　春日井晶子（訳）（2004）．なぜ、「あれ」が思い出せなくなるのか——記憶と脳の7つの謎　日本経済新聞社：記憶研究の第一人者が、新しい知見も含めて記憶について解説しています。一般向けですのでやさしく、かつ面白く書かれています。

ヒルツ，P. J.　竹内和世（訳）（1997）．記憶の亡霊——なぜヘンリー・Mの記憶は消えたのか　白揚社：HM というイニシャルで知られる記憶研究史上もっとも有名な記憶障害患者についての本です。人生にとっての記憶の重要性がわかります。

【引 用 文 献】

Atkinson, R. C., & Shiffrin, R. M.（1968）. Human memory: A proposed system and its control processes. In Spence, K. W. & Spence, J. T.（Eds.）, *The Psychology of Learning and Motivation*, Vol.2, Academic Press, pp.89-195.

Ebbinghaus, H.,（1913）. *Memory: A Contribution to Experimental Psychology*, Teachers College Press.（エビングハウス，H. 宇津木保（訳）（1978）．記憶について——実験心理

学への貢献　誠信書房）

Glanzer, M., & Cunitz, A. R. (1966). Two storage mechanisms in free recall. *Journal of Verbal Learning and Verbal Behavior*, **5**(4), pp.351-360.

Lachman, R., Lachman, J. L., & Butterfield, E. C. (1979). *Cognitive Psychology and Information Processing: An Introduction*. Hillsdale, NJ: Lawrence Erlbaum Associates. （ラックマン，R.・ラックマン，J. L.・バターフィールド，E. C.（共著）箱田裕司・鈴木光太郎（監訳）(1988). 認知心理学と人間の情報処理Ⅱ　意識と記憶　サイエンス社）

山内光哉・春木豊（編著）(2001). グラフィック学習心理学——行動と認知　サイエンス社

Chapter 10 動 機 づ け
〜やる気のメカニズム〜

* * * * * *

　子どもたちの学びや成長を支えていく上で、「やる気」や「意欲」を育んでいくことがとても大切であることはいうまでもありません。この「やる気」や「意欲」のあり方は、心理学では「動機づけ」の問題として検討が進められています。本章では、「動機づけ」とは何か、人からさせられて高まる「やる気」とみずから進んで取り組もうとするやる気の違い、子どもたちのやる気を高めるために必要な心理学的な視点や概念について学んでいきたいと思います。

第1節　動機づけとは

1. 動機づけの定義

　動機づけ（モチベーション、motivation）とは、一般に、ある行動を引き起こし、その行動を持続させ、一定の方向に導くプロセスです。動機づけに深く関わる用語として、**動因**（ドライブ、drive）ないし**動機**（motive）、**誘因**（インセンティブ、incentive）ないし**目標**（goal）があげられます（図10-1）。

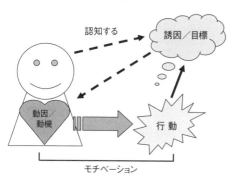

図 10-1　動機づけの定義

　「動因」とは、お腹がすいた、喉が渇いた、痛いといった生理的な不均衡から生じる要因です。生き物はこの不快な状態を避けるように努めます（「ホメオスタシス」）。空腹となれば、食欲が湧き、食べ物を得ようとするでしょう。食欲のように、人間を含めた生き物のなかにあって、その生き物が特定

の行動をとるように内側から動かす要因をとくに「動因」と呼びます。一方、「誘因」とは、「動因」を引き起こすために外側から与えられるなんらかの刺激を指します。たとえば、食べ物や飲み物を見るとそれがほしくなりますが、この食べ物や飲み物は外側から生体内の欲求、すなわち「動因」を引き起こす「誘因」にあたります。このように「動因」や「誘因」は生理的な行動に対して用いられますが、スポーツや学業に励むような社会的な行動の場合には「動機」や「目標」という表現が用いられます。スポーツや学業などで高い成果をあげたいとやる気が高まれば「（達成）動機」が強いといい、次の試験で100点をめざすような場合には「目標」としてとらえられます。

【コラム】達成動機

　「価値のある目標に対し、卓越した水準で成し遂げようとする動機」を**達成動機**（achievement motive）といいます。アトキンソン（Atkinson, J. W.）は達成行動を行う傾向を、「達成動機の強さ×期待（成功できそうという見込み）×価値（成功した時の喜び）」の定式で説明しています。簡単に成功できる課題はできても喜びは小さく、成功が難しい課題はできた喜びは大きく、「価値＝1－期待」の関係にあります。この定式をもとに、期待と価値が0.5（50％）、できるかできないかわからない時にもっともやる気が高まることが明らかにされています。

2．欲求の種類

　欲求（need）とは、人を突き動かす力であり心理的エネルギーに相当します。「……がほしい／したい」のように、その中身がより明確で具体的であれば「動機」や「目標」となり、人を一定の行動へと導いていくと考えられます。

　「欲求」は、**基本的欲求**（一次的欲求）と**社会的欲求**（二次的欲求）の2つに分けられます。「基本的欲求」は、生まれつきもっている欲求です。①空腹、渇きといった「生理的欲求」、②性的欲求のような「種の保存に関する欲求」、③接触欲求、活動欲求、好奇心など、人がよりよく生きるために必要な「内発的欲求」

が含まれます。一方、「社会的欲求」とは、主として、人が生まれてから社会生活を経験していくなかで獲得する欲求のことです。達成欲求、親和欲求、承認欲求、自己実現の欲求などがあげられます。

【ま　と　め】
　（　　　）とは、ある行動を引き起こし、その行動を持続させ、一定の方向に導くプロセスです。空腹や渇きなど、特定の行動を引き起こす要因を（　　）といい、外側からこれらを引き起こす要因を（　　）といいます。欲求には、生体に生得的に備わっている（　　）と、人が社会生活を経験していくなかで獲得する（　　）があります。

⋰⋱⋰⋱ 第2節　内発的動機づけと外発的動機づけ ⋰⋱⋰⋱

1. 質による動機づけの区分

　動機づけはその質の点で、従来、内発的動機づけと外発的動機づけに区分されてきました。**外発的動機づけ**とは、「ほめられたいから勉強する」、「叱られないように宿題をする」などと、報酬（賞）や罰などの外界からの働きかけによって高められる動機づけです。その行動は、報酬（賞）を得たり罰を避けたりするための手段として行われるものです。一般に賞は望ましい行動を促す時に用いられ、罰は望ましくない行動をやめさせる時に用いられます。これに対し、「おもしろいから本を読む」、「好きだからピアノを弾く」のように、興味や関心など自分の内側からの力によって動機づけが高められる場合、**内発的動機づけ**と呼びます。内発的動機づけは活動そのものに内在する楽しさによって動機づけられ、行動すること自体が目的となっています。

　これに対し、近年の研究では、動機づけは二分ではなく連続的ではないかという考えが出されています。自己決定理論（図10-2）では、自律性に着目して、自己決定性の程度によって動機づけが分類されています。「外的調整」は、従来の外発的動機づけに相当します。「取り入れ的調整」とは、「しなくてはいけ

図 10-2　自己決定理論による動機づけのとらえ方（Deci & Ryan, 2002 をもとに作成）

上の図は、自己決定理論に基づく動機づけの連続性を示しています。外発的動機づけは「外的調整」「取り入れ的調整」「同一化的調整」によってとらえ直しがなされています。「非動機づけ」は動機づけがない状態を指しています。

ない」といった義務によって動機づけられるものです。「不安だから」、「恥をかきたくないから」といった消極的な理由で行動する段階です。行動すること自体が目的ではありませんが、外的な力によって動くのではなく、みずから行動を起こしていることから、自己決定性は少し高くなります。「同一化的調整」の段階になると、行動の重要性を認めるようになり、自己の価値として同一化するようになります。「自分にとって大切なことだから勉強する」というように、積極的な自己決定によって行動がなされる段階です。ですが、この段階でも行動はあくまで手段であるため、内発的動機づけとは区別されます。

2．内発的動機づけを支える心理的要因

　自分から行動を起こそうとする動機づけは、どのようにして高まるのでしょうか。内発的動機づけを支えている主たる心理的要因として「知的好奇心」、「有能感」、「自己決定感」をあげることができます。

　幼い子どもは、ちょっとしたことにも興味や関心を示し、「これは何？」、「どうして？」と素朴な疑問を投げかけてきます。このように新奇なものを知ろうとする欲求のことを**知的好奇心**といいます。自分の知らないことや珍しいものに強い興味を抱き、知りたいと思えば、みずから進んでそれらを深く追究していこうとするでしょう。子どもの「知的好奇心」を育んでいくことは、内発的動機づけの観点からとても大切なことといえます。

　また、子どもでもおとなでも、自分にとって手応えのあるもの、みずからの

有能さが感じられることに意欲的に取り組もうとします。このように「自分は
よくできる」という有能さの感覚のことを**有能感**（sense of competence）といいま
す。「有能感」を強く抱くことで、人は物事にみずから進んで取り組むように
なり、内発的動機づけは高まっていきます。ホワイト（White, R. W.）は、**コンピ
テンス**（competence）を「生体がその環境と効果的に交渉する能力」とし、能力
と動機づけを一体でとらえる概念として提起しています。

　自己決定感も内発的動機づけの重要な源泉といえます。人は誰かから何かを
強制されて行うよりも、自己決定感、すなわち、みずからの判断でこれを行う
と決めたのだと感じながら取り組んだ方が一生懸命になります。たとえば、同
じ課題に取り組ませるにしても、いくつかの内容・方法を用意し、そのなかか
ら自分自身で選ばせるようにするなど、学習の進め方について学習者自身が主
体的に決定したという感覚がもてるような支援が求められるでしょう。

3．報酬は内発的動機づけを高めるか

　やる気は人からほめられたりごほうびをもらったりすることでも高まります。
金銭、品物、ほめ言葉など外部から与えられる報酬は**外的報酬**といい、そのう
ち、言葉でほめたり認めたりすることは**言語的報酬**、ごほうびとして与えられ
る金銭や物品は**物質的報酬**に区別されます。一般に、高い報酬はやる気を高め
るとされています。しかし、これはどのような状況でもいえるのでしょうか。

　デシ（Deci, E. L., 1971）は、外的報酬の本質を明らかにする興味深い実験を行っ
ています。実験課題は内発的動機づけを喚起させる、面白く魅力的なパズルで
した。学生をAとBの2群に分け、A群にはパズルを制限時間内に解くこと
ができれば1ドルの報酬を与えると告げましたが、B群には何も言いませんで
した。その後の取り組みを調べたところ、A群の学生は報酬が得られるうちは
熱心に取り組みますが、途中で報酬が得られなくなると熱心ではなくなりまし
た。一方、B群の学生は変わりなく興味をもって課題に取り組み続けていました。

　また、レッパーら（Lepper, Greene, & Nisbett, 1973; Greene & Lepper, 1974）は幼児
を対象に同様の検討を行っています。もともとお絵描きが好きな幼児に、上

手に絵が描けたら賞状をあげると予告したところ、しばらくはよく描いたのですが、その後、賞状がもらえなくなると、お絵描きに興味を失っていきました。また、予告された場合と予告なしで描き終えた後に思いがけなくもらえた場合を比べてみると、予告なしの場合は意欲を維持していましたが、予告された場合に絵を描かなくなり絵の質も悪くなりました。レッパーらは、予告によって「賞状がもらえる」という「期待」をもつことが、もともともっていた内発的動機づけを低めてしまうことを明らかにしています。

　これらの現象は、報酬の存在が内発的動機づけを低減させることを意味し、**アンダーマイニング効果**（**過剰正当化効果**、undermining effect）と呼ばれています。もともと好きで行っていた行動に対して報酬が与えられると、自分の興味を割り引いて考えてしまい、「好きだからやっているのではなく報酬が欲しいからやっているのだ」と考えるようになるからだ、とされています。また、デシは報酬には**情報的側面**と**制御的側面**の2側面があると指摘しています。情報的側面とは、報酬を与えることで「あなたがしていることは正しいですよ」というメッセージを伝達することです。制御的側面とは、報酬の有無によって、その人の行動をコントロールしようとすることです。報酬が情報的になれば有能感を高めて動機づけにつながりますが、制御的になると「報酬のために行動している」と考えて動機づけが下がります。一般的に、物質的報酬は制御的になりやすく、言語的報酬は情報的になりやすい傾向があるとされています。

　これをふまえて、みなさんの日頃の対応をふり返ってみてください。やる気にさせようとして、もともともっている興味・関心や好奇心を、賞状やスタンプなど外から与える報酬によって削いではいないでしょうか。制御的にならないよう、「きちんとよくできているね」というメッセージがしっかりと伝わるよう、気を配る必要があるでしょう。そして何よりも、ふだんから子どもたちが何に関心をもち、どうしたいと思っているか、一人ひとりのやる気の状態を理解することが必要でしょう。

【ま　と　め】
　外的な報酬を得たり罰を避けたりする手段として行動をとろうとする動
機づけのことを（　　）的動機づけといいます。一方、面白さや楽しさなど、
行動すること自体が目的となっている動機づけのことを（　　）的動機づけ
といいます。後者の動機づけを支える心理的要因として、（　　）、有能感、
（　　）があげられます。R.W. ホワイトは、（　　）を「生体がその環境と
効果的に交渉する能力」として提起しています。報酬の存在が（　　）的動
機づけを低減させる現象はアンダーマイニング効果と呼ばれています。

∵.∵.∵. 第3節　動機づけを高めるために ∵.∵.∵.

1. 何に原因を求めるか

　教科学習であればテスト、スポーツであれば試合は、みずからの努力の成果
や能力の程度について知ることができるよい機会といえるでしょう。その成功
や失敗の体験は動機づけにおいて重要な意味をもっています。たとえば、同じ
ようにスポーツの試合に勝ったとしても、たまたま運が良かっただけだと考え
る人もいますし、日頃の練習の積み重ねが実ったからだと受けとめる人もいま
す。このように出来事の受けとめ方の違いがその後のやる気のあり方に影響を
与えることが明らかにされています。

　「なぜうまくいったのか」あるいは「なぜうまくいかなかったのか」とい
うように、成功や失敗の原因を何かに求める（帰属する）ことは**原因帰属**（causal
attribution）と呼び、動機づけを規定する認知的要因として重視されています。
成功や失敗の原因にはさまざまなものが考えられますが、ワイナー（Weiner, B.,
1972）は、表 10-1 のような2つの次元から4つの要因に整理しています。「統
制の位置」とは原因が自分の内側にあるか外側にあるか、「安定性」とは原因
が安定したものか変動的なものか、という次元です。図 10-3 のプロセスに従い、
「統制の位置」は「感情」に影響を与え、「安定性」の次元は「期待」に影響を
及ぼし、次の行動のあり方を規定します。たとえば、成功は外的な要因よりも、

表 10-1　統制の位置と安定性の次元に基づく帰属要因の分類 （Weiner, 1972 をもとに作成）

統制の位置	安定性	
	安定的	変動的
内　　的	能　　力	努　　力
外　　的	課題の困難さ	運

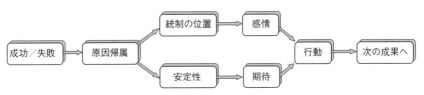

図 10-3　原因帰属理論に基づく動機づけが生じるプロセス

能力のような内的な要因に帰属した方が自尊感情は高まりやすいとされています。数学の試験などで良い点数をとった時に、たまたま解けたと思うより、自分は数学のセンスがあるからだと考えた方が誇りに思うでしょう。運よりも能力があるから成功したと考える方が誇りの感情につながり、反対に、失敗を自分の無能さのせいにすれば自尊感情を低めることになるでしょう。「期待」に関しては、成功の原因を能力のように安定した要因に帰属すれば、次もうまくいくという期待がもてますが、運のように変動的な要因に帰属すれば、成功したのはたまたまであり、次はうまくいくかどうかわからず、期待はもてないでしょう。数学の例でいうと、数学のセンス、能力は変化しにくいものですから、次にどのような問題が来ても解答できる可能性が高く、期待につながります。

　この理論に基づくと、たとえ失敗したとしても、その原因をどこに帰属させるかによって、やる気は維持できます。今回うまくいかなかったのは努力不足だったからと考えて、次はもっとがんばろうと思えば、やる気をもち続けられるわけです。次への期待につながる働きかけが望まれます。

2. 自己効力感をもつ

　原因帰属のように過去をどのようにふり返るかだけでなく、これから取り組もうとすることをどのようにとらえるかも、動機づけを左右する大きな要因で

図 10-4　効力期待と結果期待の関係
（Bandura, 1977 をもとに作成）

す。「自分にはできる」とみずからの能力に確信をもつことで、人はやる気を高めます。学業であれスポーツや音楽であれ、何かを学ぼうとする時に「自分にはできる」という自信をもつことはとても重要です。このように、ある結果を生み出すために必要な行動をどの程度うまくできるかという個人の確信、感覚は**自己効力感**（**セルフ・エフィカシー**、self-efficacy）と呼ばれています。

バンデューラ（Bandura, A., 1977）は、自己効力感の重要性を指摘し図 10-4 に示すように、行動が起こるための条件として、2 つの「期待」が必要だと考えています。「結果期待」とは、ある行動がどのような結果を生み出すかという期待です。一方、「効力期待」とは、必要な行動をどのくらいうまくできそうかという期待にあたります。社会的認知理論では、自己効力感は後者の「効力期待」すなわち自己効力感でもあります。

子どもの発達を支えていく上で自己効力感を育むことが大切です。たとえば、学校での教科の学習などで、問題がわかった、解けるようになったという実感がもてる機会を増やすとよいでしょう。教師がお手本や具体的なやり方を示したり、友だちのやり方を観察したりして、できそうだという見通しをもたせるようにします。自信を失いかけた子どもには「あなたならできますよ」と温かい言葉で励ましたり、テストや試合などで緊張する場合にはリラックスするように働きかけることもよいでしょう。このように、教師は自己効力感を高めて能力を伸ばす、さまざまな働きかけを心がける必要があるでしょう。

3．やる気を失うのはなぜか

ここでは見方を変えて、やる気がなくなる場合、つまり、無気力について考えましょう。セリグマン（Seligman, M. E. P., 1975）は、無気力や抑うつに関する有名な研究を行っています。イヌを A と B の 2 群に分けて、事前に身体には危害がない程度の同じ電気ショックを与えます。A 群のイヌは、自分の意志で電気ショックから逃れることができましたが、B 群のイヌには同じ状況下で、

どのような行動をとっても逃れられない経験をさせました。次の日に、今度は避けられる状況で再び電気ショックを与えた結果、A群のイヌはスムーズに逃れることを学習しましたが、B群のイヌは逃れることができるにもかかわらず、動こうとせず、電気ショックを受け続けたのです。

　セリグマンは、こうした現象について、自分の行動は意味のある変化を起こさない、「やっても無駄だ」ととらえるようになることで、無気力になったためだと説明しています。どのように行動しても電気ショックを止められないという経験をくり返し学習することによって、無力感が獲得されるのです。これを**学習性無力感**と呼びます。学習の場合も、もともとやる気がないわけでなくとも、勉強しても勉強しても成績が変わらない経験を重ねていくことで、意欲を失い、やがて無気力になってしまう、といえるでしょう。教師は日頃の言動がそれと気づかぬうちに、子どもたちに学習性無力感を起こさせていないか、注意すべきでしょう。

4. 目標次第で動機づけが変わる

　私たちがどのような目標をもつかによっても動機づけのあり方は異なります。ドゥエック（Dweck, C. S., 1986）は、目標を「**学習目標（習熟目標、熟達目標）**」と「**遂行目標（成績目標）**」に大別して検討しています。「学習目標」とは、「新しいことを学びたい・知りたい」というように、何かを学び習熟し能力を伸ばすことを目標とするものです。一方、「遂行目標」とは、「良い成績をとりたい」、「人に認められたい」というように、良い成績を得て他者から称賛されることを目標とするものです。学習目標の強い人は学ぶこと自体が目標であるため、困難に出会ってもねばり強く取り組み続けようとしますが、遂行目標の強い人は望ましい評価を得ることが目標であるため、たとえば、悪い成績や評価などにつながりそうになると、やる気を失ってしまいます。

　ドゥエックは、達成目標と自信のあり方によって行動パターンが異なってくることを、表10-2のようにまとめています。重要な点は、学習目標には「知能は変わりうる」という考え（増大的知能観）が背後にあり、自信は高くても低

表 10-2　達成目標による行動パターンの違い（Dweck, 1986 をもとに作成）

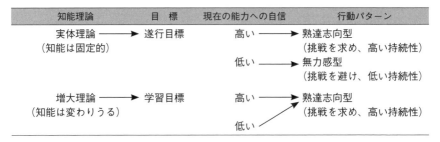

知能理論	目　標	現在の能力への自信	行動パターン
実体理論 （知能は固定的）	→ 遂行目標	高い →	熟達志向型 （挑戦を求め、高い持続性）
		低い →	無力感型 （挑戦を避け、低い持続性）
増大理論 （知能は変わりうる）	→ 学習目標	高い → 低い →	熟達志向型 （挑戦を求め、高い持続性）

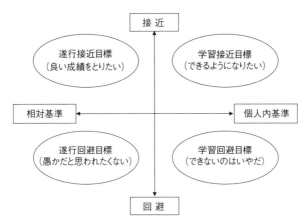

図 10-5　2次元4分類による目標（Elliot & McGregor, 2001 をもとに作成）

くても、学習内容をマスターしようと根気強く取り組み、難しい課題にも積極的に挑戦しようとするところにあります。これらの目標は、図 10-5 に示すように4つに分けられて検討がなされたりしています。

　これらをふまえて、教師は学習者がどのような目標をもっているかも見きわめて働きかけを行うようにするとよいでしょう。

5．主体的な学びを支えるために

　現在の学校教育では、子どもたちが自分の特性に基づいて、主体的、自律的に学ぶことが大切にされています。自己決定理論によれば、子どもたちがみず

から行動を起こそうとする傾向性は、**自律性**（autonomy）と呼ばれます。そして、学習者の自律性をサポートしていこうとする教師による働きかけは**自律性支援**（autonomy support）と呼ばれます（Reeve, 2009）。反対に、学習者に圧力をかけて、行動を強制していこうとする働きかけは**コントロール**（control）といいます。

　教師による自律性支援とコントロールの違いについて、成立要件や具体的な行動の内容を図 10-6 にまとめています。コントロールを行う教師は、指示や命令を与えることが多く、「すべきだ」「しなければならない」といった言葉づかいをよくします。とにかく正答を伝えて、説明をすることに終始する傾向にあります。一方で、自律性支援を行う教師は、子どもの質問にしっかり応答し、子どもの立場を十分に尊重します。子どもたちが何を望んでいるかを尋ね、話によく耳を傾けます。子どもたちのそれぞれの成長を認め、努力することを励ますようにします。

　これまでの研究から、コントロールに比べて自律性支援が、学習者の内発的動機づけを高め、様々な活動への熱心な取り組み（「エンゲージメント」といいます）

自律性支援	コントロール
定義 ・子どもの内にある動機づけの源を見出して、養い、育てようとする気持ちや行動のこと **成立要件** ・子どもの立場に立つ ・子どもの考え、気持ち、行動を歓迎する ・子どもの動機づけの形成と主体性を支える **教師の行動** ・子どもの内にある動機づけの源を育てる ・丁寧でわかりやすい言葉を使う ・納得できる理由をわかりやすく伝える ・否定的な気持ちを表に出すことを認め、受け入れる ・自分のペースで学習を進めることを尊重する	**定義** ・決まった考え方、感じ方、ふるまい方に従わせるように子どもに対してプレッシャーを与える気持ちや行動のこと **成立要件** ・教師の視点に立つ ・考え、気持ち、行動を押しつける ・決まった考え方、感じ方、ふるまい方に従うようにプレッシャーを与える **教師の行動** ・外にある動機づけの源に頼る ・プレッシャーを与えるような言葉を使う ・納得できる理由をまったく伝えない ・否定的な気持ちを抑え込むように要求する ・すぐに正しい答えを出すように求める

図 10-6　**教師による自律性支援とコントロールの違い**（鹿毛，2013；Reeve, 2009 をもとに作成）

を促すことが明らかにされています。また、自律性支援を行う教師のもとで学んだ子どもは、優れた学習成果をあげるようになり、さらには、望ましい心理的健康状態をもたらすこともわかっています。学校の教師が児童・生徒の主体的な学びを支えていくにあたっては、子どもを操作する対象と見るのではなく、一人ひとりが主体性のあるユニークな存在として尊重し、あたたかく関わっていく姿勢が大切になってくるといえるでしょう。

（伊藤　崇達）

【ま　と　め】

　成功や失敗の原因を何かに求めることを（　　）といいますが、次への期待や自尊感情につながる働きかけが大切になってきます。できるという実感をもたせたりあたたかい言葉で「できる」と励ましたりして（　　）を高めることも大事です。行動しても変わらないという経験をくり返し学習することは、無力感に結びつきます。これは（　　）と呼ばれます。目標には、習熟をめざす（　　）と、良い成績を得て評価されることをめざす（　　）とがあり、動機づけのあり方が異なります。こうした心理的側面の違いを理解して子どもたちのやる気を高めていくことが求められます。

【さらに学びたい人のために】

鹿毛雅治（2013）．学習意欲の理論──動機づけの教育心理学　金子書房：学習意欲に関する理論研究や実践研究が広範囲にわたってレヴューされています。教育実践に対して深い示唆に富む専門書です。

櫻井茂男（2017）．自律的な学習意欲の心理学──自ら学ぶことは、こんなに素晴らしい　誠信書房：筆者自身による実証的知見をもとに、内発的な学習意欲と自己実現のための学習意欲の重要性について明示した書です。みずから学ぶ意欲の育て方が平明な形で述べられています。

伊藤崇達（編）（2010）．やる気を育む心理学［改訂版］　北樹出版：動機づけの理論や最新の研究知見について概説した入門書です。教育、発達、臨床における実践上の問題と結びつけながら平易な解説がなされています。

【コ ラ ム】自ら学ぶ力の育成：自己調整学習

　日本の教育においては「生きる力」を育むことが大きな目標とされています。「生きる力」の重要な一側面に「自ら学ぶ力」があり、最近では、「個別最適な学び」とともに重視されています。このような学びのあり方は、心理学では**自己調整学習**（自己制御学習、self-regulated learning）として検討されています（伊藤、2009 を参照）。ジマーマン（Zimmerman, B. J., 1989）によれば、自己調整学習とは、メタ認知、動機づけ、行動の面で自己調整の機能を働かせながら進められる学習のことをいいます。効果的な学習方法である「学習方略」や「自己効力感」、「目標」をもっていることも自己調整学習における大切な条件です。子どものなかには、やる気や自己効力感はあるにもかかわらず、学習方略を伴っていないためにうまく学習が進んでいかない場合があります。他方で、勉強のしかたはわかっているのだけれど意欲的には取り組もうとしない子どももいます。上にあげた条件は相互に関わりをもちながら支え合っているといえます。自分なりの目標をもって適切な学習方略によって学習を進めていくことで、学びの手応えや実感が得られ、動機づけが高まっていきます。動機づけが高まれば、目標をめざしてさらに学習方略を用いていこうとするでしょう。このように自己調整によって学んでいく力を育んでいくことが今の教育では求められています。

【引 用 文 献】

Bandura, A.(1977). *Social learning theory*. Prentice Hall.

Deci, E. L.(1971). Effects of externally mediated rewards on intrinsic motivation. *Journal of Personality and Social Psychology*, **18**, 105-115.

Deci, E. L., & Ryan, R. M.(Eds.)(2002). *Handbook of self-determination research*. University of Rochester Press.

Dweck, C. S.(1986). Motivational processes affecting learning. *American Psychologist*, **41** (10), 1040-1048.

Elliot, A. J., & McGregor, H. A.(2001). A 2 × 2 achievement goal framework. *Journal of Personality and Social Psychology*, **80**(3), 501-519.

Greene, D., & Lepper, M. R.(1974). Effects of extrinsic rewards on children's subsequent intrinsic interest. *Child Development*, **45**(4), 1141-1145.

伊藤崇達(2009). 自己調整学習の成立過程——学習方略と動機づけの役割 北大路書房

鹿毛雅治(2013). 学習意欲の理論——動機づけの教育心理学 金子書房

Lepper, M. R., Greene, D., & Nisbett, R. E. (1973). Undermining children's intrinsic interest with extrinsic reward: A test of the "overjustification" hypothesis. *Journal of Personality and Social Psychology*, **28**, 129-137.

Reeve, J. (2009). Why teachers adopt a controlling motivating style toward students and how they can become more autonomy supportive. *Educational Psychologist*, 44, 159-175.

Seligman, M. E. P.(1975). *Helplessness: On depression, development, and death*. W. H. Freeman.

Weiner, B.(1972). *Theories of motivation: From mechanism to cognition*. Markham.

Zimmerman, B. J.(1989). A social cognitive view of self-regulated academic learning. *Journal of Educational Psychology*, **81**(3), 329-339.

Chapter
11 学力と知能の あらたな観点

* * * * * *

みなさんは、知能とはどんな意味だと思いますか。「頭のよさ」や「賢さ」という答が返ってきそうですね。では、頭のよさとは何でしょうか。「テストでいい点をとれること」「物事を論理的に考えられること」「臨機応変に対応できること」など、さまざまでしょう。どれが正しいでしょうか。また、思考における創造性とは、いったいどのようなものでしょうか。創造性というと、美術や音楽などの芸術を思い浮かべますが、思考とどう関わるのでしょうか。この章では、学力と知能、創造性がどのように関連するのかを、考えていきたいと思います。

第1節 知能とは何か

1. 知能の定義

知能 (intelligence) の定義は、従来から実に多様ですが、基本的には、抽象的思考力、学習能力、適応力に大別されます。環境に適応するためには抽象的に考えてあらたに学習する必要があるので、他を包含する適応力が、定義としてよく用いられました。

また、知能検査で測定される能力が知能である、との操作的定義もあります。最初の知能検査は 1905 年にフランスのビネー (Binnet, A.) とシモン (Simmon, T.) が開発したもので、主に言語能力を調べる問題が中心でした。1916 年にアメリカのターマン (Tarman, L. M.) がそれを標準化した改訂版を出し、**スタンフォード・ビネー知能検査**と呼ばれています。この検査によって、もともとドイツのシュテルン (Stern, W.) が提唱した**知能指数** (IQ) という概念が広まりました。知能指数は精神年齢（MA、その時点で到達している精神発達の年齢水準）を生活

年齢（CA、実年齢）で割って100倍したものです。これは個人の知的発達状況を示す指標で、たとえば5歳児が精神年齢も5歳相当ならIQは100となり、5歳児の精神年齢が6歳相当ならIQは120になります。このように、知能指数は、実年齢に対する精神年齢の程度、つまり発達の割合を示すものです。

さらに、知能が同一年齢集団のなかでどのあたりかという相対的な位置を示すものは**知能偏差値**と呼ばれ、次の式で算出されます。

$$知能偏差値 = \frac{ある個人の得点 - 集団の平均点}{集団の標準偏差} \times 10 + 50$$

個人の得点が集団の平均点と同じであれば、知能偏差値は50になります。

なお、最近では、従来の知能指数の代わりに、**偏差知能指数**（DIQ）が用いられることが多くなりました。これは、従来の知能指数では、ある個人の同年齢集団内での位置づけが読み取れないためです。そこで、同年齢集団の平均点を100とし、ある個人が集団のなかでどの位置にいるかを示すために、次の式が用いられるようになりました。

$$偏差知能指数 = \frac{ある個人の得点 - 集団の平均点}{集団の標準偏差} \times 15 + 100$$

（ウェクスラー式知能検査では、上の式のように15を掛けますが、ビネー式の場合には、16を掛けます。）

2. 学力と知能

「頭はいいけど成績が今ひとつ」という言い方に表れるように、私たちは頭のよさ（知能）と学業成績（学力）は必ずしも対応しないと漠然と感じているようです。しかし一方では、やはり学力を規定するのは知能ではないかとの思いもあります。本当のところは、どうなのでしょうか。

学力（academic achievement）は従来、学習によって獲得された能力（学習の達成度）とされてきました。これは、標準化されたテスト（標準学力検査）によって

測定されます。よく用いられる**学力偏差値**とは、ある学習者の学力検査得点の、集団内での相対的な位置を示すものであり、次の式で算出されます。

$$学力偏差値 = \frac{ある個人の得点 - 集団の平均点}{集団の標準偏差} \times 10 + 50$$

知能との関連で学力を診断するには、「学力偏差値－知能偏差値」で算出される成就値が用いられます。成就値がプラスの値をとる場合には知能に比べて学力が高いという意味で**オーバーアチーバー**、マイナスの値をとる場合にはその逆の意味で**アンダーアチーバー**（学業不振児）と呼ばれます。学業不振は教育の問題のひとつ。知能が十分に学業成績に反映されない場合には、**メタ認知**

【コラム】PISA 型学力

PISA では読解力・数学的運用力・科学的運用力・問題解決能力が評価されます。PISA によって測定される、いわゆる PISA 型学力は、単なる知識量の豊富さよりも、むしろその知識を活用して判断し問題を解決する力を重視する点に特徴があり、21 世紀型の新しい学力として注目されています。この新しい学力観の基礎となるものは、**コンピテンシー**と呼ばれる概念です。コンピテンシーとは本来、能力や力量を意味する語ですが、OECD は知識やスキルを活用するための動機づけや態度、そして実際に行動に移すことなどをも含めています。

OECD はさらに、デセコ（DeSeCo: Definition & Selection of Competencies コンピテンシーの定義と選択）と呼ばれるプロジェクト（1997 年～ 2003 年）を立ち上げ、私たち一人ひとりの人生の成功と社会の発展を両立させるための、特に基本となる重要なコンピテンシー、すなわち、**キー・コンピテンシー**のカテゴリーを次の 3 つに定めました。①自律的に活動する力、②言語やコンピュータなどの道具を相互作用的に用いる力、③異質な集団で交流する力。

そして、さらにその中核には思慮深さ（reflectiveness）を位置づけています。この思慮深さは、後述するメタ認知と密接な関係をもつものです。

がうまく働いていない可能性が考えられます（第2節でメタ認知を詳述）。

3．学力と知能のとらえ方の変遷

　近年、学力への問い直しが起こっています。学力は学習によって獲得された能力ですが、これまでの学力観は、知識・技能に焦点を当て、あらかじめ用意された問題の正答に、速く到達することに価値を置いてきた傾向があります。それに対し、OECD（経済協力開発機構）による**PISA**（国際学習到達度調査）で測定される学力、いわゆる**PISA型学力**では、実生活で直面する多様な課題に対して、知識や技能がどの程度活用できるかが評価されます。単に知識・技能があるだけではなく、思考・判断する力が求められているのです。

　さらに、学力は「学校教育を通じて獲得・達成されたと考えられる知識・技能や思考力・判断力。意欲・関心・態度をも含める広義の立場もある」（日本教育心理学会，2003）との定義もあります。とくにわが国では、PISAの結果から、生徒たちの学習における意欲、思考力、表現力、知識の活用力の低さが問題になっており、こうした力を伸ばすことが課題とされていました。

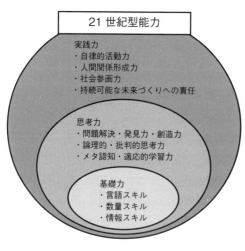

図 11-1　21 世紀型能力（国立教育政策研究所，2013 より）

　これを受けて、国立教育政策研究所の報告書（2013、pp.83-84）では、21世紀を生き抜く力を「21世紀型能力」と名づけ、図11-1に示す「思考力」「基礎力」「実践力」を、その構成要素と見なしています。これらは、学校教育において育成する「21世紀型学力」と言い換えることも可能です。

　まず、21世紀型能力の中核に、「各人が自ら学び判断し自分の考えを持って他者と話し合

い、考えを比較吟味して統合した上でよりよい解や新しい知識を創り出し、さらに次の問いを見つける力」として「思考力」を位置づけています。「思考力」は、問題の解決や発見、新しいアイデアの生成に関わる問題解決・発見力・創造力、論理的・批判的思考力、自分の問題の解き方や学び方をふり返るメタ認知（これについては、本章の第2節で解説します）、そこから次に学ぶべきことを探す適応的な学習力などから構成されます。

そして、思考力を支えるのが、「基礎力」、すなわち、「言語、数量、情報（ICT）を目的に応じて道具として使いこなすスキル」です。ICT 化が進む今日において、社会に効果的に参加するためには、読み書き計算などの基礎的な知識・技能とともに、情報のスキルが不可欠との考えが根底にあります。

最後に、これらの外側に、思考力の使い方を方向づける「実践力」を位置づけています。「実践力」とは、「日常生活や社会、環境の中に問題を見つけ出し、自分の知識を総動員して、自分やコミュニティ、社会にとって価値のある解を導くことができる力、さらに解を社会に発信し協調的に吟味することを通して他者や社会の重要性を感得できる力」のことです。そこには、自分の行動を調整し、生き方を主体的に選択できるキャリア設計力、他者と効果的なコミュニケーションをとる力、協力して社会づくりに参画する力、倫理や市民的責任を自覚して行動する力などが含まれています。

現在、こうした 21 世紀型能力（学力）があらたに掲げられていることからも、学力観が常に変遷し続けるものであることがわかるでしょう。

一方、知能研究にも歴史的な変遷がみられます。とりわけ知能の理論研究は、因子分析の手法とともに発展しました。因子分析はスピアマン（Spearman, C. E.）によって心理学に導入され、知能を因子に分解して構造的にとらえる方法が用いられるようになりました。つまり、知能は単一の能力ではなく、異なる機能をもつ複数の能力が作用しあって知的活動が行われる、と考えることができます。実際、さまざまな**知能の構造モデル**が出されました。スピアマンは一般因子と特殊因子からなる**知能の2因子説**、サーストン（Thurstone, L. L.）は、言語、数、知覚、空間、記憶、推理、語の流暢さの7つの能力を区別する**知能の多因子説**を示しました。

ほかにも、ギルフォード (Guilford, J. P.) による知能の立方体モデルや、キャッテル (Cattel, R. B.) やヴァーノン (Vernon, P. E.) による知能の階層群因子説などがあります。
　ところで、従来の知能検査で測定される知能は、比較的狭い範囲に限定され、固定的（変化しない）ととらえる傾向がありました。しかし今や、多様な個性や日常的問題解決力、感情のコントロールなどを重視する新しい知能観が提唱されています。では次に、新しい知能理論をみていきましょう。

４．新しい知能理論の展開
（１）知能の創造的側面や実践的（実用的）側面を重視する立場
　最近の知能研究の第一人者スタンバーグ (Sternberg, 1996) は、これまでの知能研究で扱われてきたのは、いわゆる学校秀才的な知能であり、実生活では必ずしも発揮されないと主張しています。彼は従来の知能研究を再検討し、不充分な点を補足して、知能のしくみとはたらきについての**三部理論**（鼎立理論 triarchic theory）を提唱しました。そしてこの理論に基づいて、発揮されうる能力を３種類の知能として分類しました。これが、私たち一人ひとりが人生の目標を達成するために重要となる**サクセスフル知能**と呼ばれるもので、次の３種類からなります：①**分析的知能**（物事の本質や状況を的確に分析して判断し、問題をきちんと把握する能力）②**創造的知能**（適応すべき課題や状況に直面した時に、独創的な着想で行動の指針を見出し、問題をあらたにとらえ直す能力）③**実践的知能**（分析的知能や創造的知能を日常生活において具体的にどう活用していくかを判断し、その方法を見出す能力）。これら３種類の知能がバランスよく働くことが重要だと述べています。
（２）知能の多様性を積極的に認める立場
　同じく知能研究で著名なガードナー (Gardner, H.) は、知能を領域普遍的にとらえることや、認知的な側面のみに限定することに、かねがね疑問を抱いていました。彼は、特異な才能を見せる発達障害児の事例観察や神経科学的な知見などから、知能をより多面的にとらえる必要性を感じたのです。ガードナー (1993) による**多重知能理論**（theory of multiple intelligence）では、**言語的知能、論理・数学的知能、音楽的知能、空間的知能、身体・運動的知能、対人的知能、個人内知**

能（内省的知能、対自己知能）の 7 つの知能を想定し、1995 年に 8 番目として**博物学的知能**を追加しています。博物学的知能とは、生物学者が動植物を分類するように、身のまわりのさまざまな対象を区別・分類できるような知能です。空間的知能は絵を描いたり建築などを立体的に考える知能、対人的知能は他者の気持ちを理解し適切な対応がとれる知能、個人内知能は自分の感情や行動をコントロールできる知能です。

　スタンバーグもガードナーも、知能をより実践的、多面的にとらえるべきだ

【コラム】PIFS プロジェクト

　スタンバーグとガードナーは知能の考え方について、以下の点で一致していました：学校では、知能は通常、言語的・数学的推論能力のテストで定義・評価されるが、これは非常に限定的なとらえ方である。現実世界では、知能はテストでよい成績をおさめるよりもはるかに多くのものを意味する。つまり、自分自身を理解し、自分を幸せにする方法や、他者とうまく折りあって現実世界の問題を解決する方法を知っていることこそ、知能の高さを表している、と。ふたりとも、教育実践に応用することも視野に入れて、知能をとらえました。

　この考えをもとにして始められたのが、PIFS プロジェクトです。ウィリアムズらは、アメリカのミドルスクール（日本の中学校に相当）の生徒に対して、**学校に必要な実践的知能**（practical intelligence for school：**PIFS**）を高める教育を行いました（Williams ら，1996）。PIFS プロジェクトでは、数学や国語等の教科学習そのものではなく、教科全般に関連した間接的な形で学びを支援します。すなわち、宿題やテストも含めてある学習活動が、なぜ必要なのか、自分にとってどのような意味をもつのか、学んだことが日常生活や将来にどうつながるのか、といった学校での学習に共通した問いを考えさせ、仲間との意見交換や教師のガイドによって、次第に本質的な答へと導いていくのです。問いに対する答えをともに探し、学ぶ意義や学習活動の効果を十分に理解させることができれば、生徒たちの学習への取り組みや成果が明確な形で現れることが期待できます。プロジェトは成功し、この期待に裏づけを与えてくれたのです。

とする考えが共通しています。

（3）自分や他者の感情とうまくつきあっていける知能を重視する立場

一方、メイヤー（Mayer, J. D.）やサロヴェイ（Salovey, P.）は**感情の知能**（emotional intelligence）という概念を掲げています。感情の知能とは一般に、感情の果たす機能を理解し、自分や他者の感情を正しく把握し、人間関係も含めた問題解決に、感情を生かす能力のことです。メイヤーら（Mayer, Salovey, & Caruso, 2000）は感情の知能を次の4つに分類しています：①感情を正しく知覚・評価し表出する能力、②感情を活用して思考を促進する能力、③感情を理解する能力、④自分や他者の感情をモニターし調整する能力。こうして見ると、感情の知能は、ガードナーの言う対人的知能および個人内知能に関連するものであることがわかります。

【ま　と　め】

　知能は従来、抽象的思考力・学習能力・適応力などととらえられ、（　　　）で測定されてきました。それに対し最近では、知能の実践性や創造性を重視する（　　　）の立場、多様性を重視するガードナーの（　　　）理論の立場、感情を重視する立場などがあります。学力についても新たなとらえ方が生じ、知識量の豊富さよりも、むしろその知識を（　　　）して判断し、問題を（　　　）する力が重視され始めています。

⋰⋱⋰⋱ 第2節　知能の根幹としてのメタ認知 ⋱⋰⋱⋰

1. メタ認知とは

1970年代頃からメタ認知研究が盛んになったこともあり、知能の根幹としてメタ認知をとらえる考え方が次第に広がりつつあります。

メタ認知（metacognition）とは何かを説明する前に、まず「認知」について述べておきましょう。認知には、見る、聞く、読む、覚える、理解する、考える、書く、話す、計算するといった、学習のベースとなるさまざまな頭のはたらき

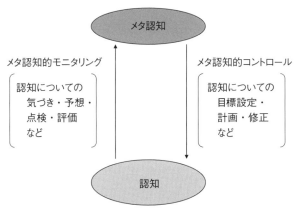

図 11-2　認知とメタ認知の関係

が含まれます。「認知」に「メタ」をつけたメタ認知とは、こうした頭のはたらき、つまり認知を、一段高いところから客観的にとらえることです。たとえば、何かを説明すること自体は認知のレベルですが、「私の説明はわかりにくくないだろうか」と自問したり、「説明がわかりやすくなるように具体例を示そう」と考えたりするのは、メタ認知のレベルになります。

　メタ認知は、**メタ認知的知識**と**メタ認知的活動**（またはメタ認知的経験）に大別できます（表11-1）。また、認知とメタ認知の関係（両者のあいだの情報の流れ）は図11-2のようになります。

2．学習におけるメタ認知の重要性

　学習者自身がみずからの学習を制御しながら主体的に学ぶ**自己制御学習**（**自己調整学習**、self-regulated learning）には、メタ認知が不可欠です。なぜなら、学習者がみずからの学習を効果的に制御しながら進めるためには、学習についての的確なメタ認知的知識（例：「私は説明を早とちりすることが多い」、「学んだことを定着させるためには、復習が効果的だ」など）をもち、適切なメタ認知的活動（例：「私は今日の授業の内容を十分に理解できたか？」といったメタ認知的モニタリングや「友だちに説明することで自分の理解度をチェックしてみよう」といったメタ認知的コントロールなど）

表 11-1　メタ認知の分類と具体例

〈メタ認知的知識〉

メタ認知的知識の種類	メタ認知的知識の内容	具体例
(1) 人間の認知特性についての知識		
①自分自身の認知特性	自分の認知特性についての知識	「私は英文解釈は得意だけれど英作文は苦手だ」
②個人間の認知特性の比較	個人間の比較に基づく、認知的な特性についての知識	「A さんは B さんより理解が早い」
③一般的な認知特性	人間一般に広くあてはまる認知特性についての知識	「目標をもって学習したことは身につきやすい」
(2) 課題についての知識	課題の性質が、私たちの認知活動に及ぼす影響についての知識	「数字の桁数が増えるほど計算のミスが増える」
(3) 方略についての知識	どのような方略か、どう使うか、いつ使うか、なぜ使うか（どのような効果があるか）などについての知識	「ある内容を自分が理解しているかどうかを知るためには、その内容を知らない他者に説明してみるとよい（自分の理解が不十分であれば、他者への説明もうまくできないため）」

〈メタ認知的活動〉

メタ認知活動の分類	メタ認知的活動の内容	具体例
(1) メタ認知的モニタリング	認知についての気づき・予想・点検・評価などを行うこと	「この課題なら、30 分くらいで完了するだろう」
(2) メタ認知的コントロール	認知についての目標を立てたり、計画・修正したりすること	「自分ひとりではいい考えが浮かびそうにないので、グループで話しあってみよう」

を行うことが欠かせないからです。

　自己制御学習の具体例として、自分に適した学習目標を設定し学習計画を立てる、学習方略を効果的に用いる、自己動機づけを図る、感情状態を良好にする、自分が学習しやすいように学習環境を改善する、などがあげられます。

3. メタ認知と新しい知能理論との関係

　先に述べた新しい知能理論のなかには、実はメタ認知の要素が含まれています。たとえば、スタンバーグのいう実践的知能にはメタ認知が大きく関与する

と考えられます。それは、自分の分析的知能や創造的知能を十分に把握し、どのような状況でどの知能を活用すべきかを知っていること、また、知能における自分の強みを生かし弱みを補う方法を理解していることなど、まさにメタ認知的要素が実践的知能の基礎となるからです。実践的知能が低いと、分析や創造などの潜在的な能力が現実場面で生かされにくいという結果になりかねません。

　また、ガードナーのいう対人的知能や個人内知能、そしてメイヤーらのいう感情的知能においても、まさに認知と感情の関係、つまり認知が感情によってどのように影響されるかという理解が必要とされますし、さらに一歩進んで、感情をモニターしたりコントロールしたりすることが要求されます。これらは、メタ認知にほかなりません。

【ま　と　め】
　認知を一段上のレベルからとらえることを（　　　）といい、（　　　）と（　　　）に大別されます。また，活動の方は認知への気づきや点検などの（　　　）と，目標設定や計画・修正の（　　　）に分けられます。能動的・主体的な自己制御学習のためには、それらを十分に働かせることが大切です。

∴∵∴∵∴∵∴∵ 第３節　創造性とは何か ∴∵∴∵∴∵∴∵

1. 創造的思考の定義

　「創造性（creativity）」は、かなり幅広くあいまいな概念です。学習との関連でいえば、むしろ「創造的思考」という語を用いた方が明確になるでしょう。創造的思考とは、新しくて価値のあるアイデアや事物などを考え出すことを指します。ギルフォード（Guilford, 1967）は、創造的思考力の高い人は、次のような知的特性を備えていると考えました：①問題に対して敏感である（何が問題なのかという、解決すべき問題に気づきやすい）、②思考が流暢である（どんどんアイデア

を出せる)、③思考が柔軟である、④思考が独創的である、⑤思考が緻密である、⑥問題を再定義する力がある。

　しかし、知的な特性だけでは十分とはいえません。ギルフォードによれば、創造性が実際に発揮されるには、以下の創造的「態度」が必要です：①あいまいさに寛容である、②冒険を好む、③自信が強い、④独創性を重視する、⑤変化を好む、⑥達成心が強い。

　創造的思考には、**拡散的**(発散的)**思考**のみならず**収束的思考**も含まれると考えられます。拡散的思考は、わずかな手がかりから出発し、多種多様な考えを生み出す思考です。たとえば、「学園祭のイベント候補として、アイデアをたくさん出す」などです。一方、収束的思考は、多くの手がかりから出発し、考えを絞り込んでいく思考です。学園祭の例でいえば、「予算の範囲で実現可能」、「人手が十分にまかなえる」、「雨天にも対応可能」、「学外からの来訪者も楽しめる」などといった条件のもとに、イベントのアイデアを絞り込んでいくことが相当します。

　拡散的思考を促進する方法としては、以下のものがよく知られています。

　(1)ブレインストーミング法：はじめに一切批判せずにどんどんアイデアを出しあうことで発想を自由にする方法。オズボーン (Osborn, A. F.) が考案した。

　(2)KJ法：アイデアを1つずつ小さな紙片に書き込み、これを何度もグループ化することで発想を体系化する方法。川喜田二郎氏が考案した。

　(3)NM法：アナロジー (類推) によって一見無関係なもの同士を積極的に結びつけることで発想を独創的にする方法。中山正和氏が考案した。

　現実場面では思考の拡散だけでは問題が解決しない場合が多いため、真に創造的に考えるには、内容を緻密に検討して収束的思考も行う必要があります。

2．問題解決と創造的思考

　ワラス (Wallas, 1926) は、偉大な業績を残した科学者などの思考過程を丹念に調べあげて共通点を見出し、創造的な問題解決の過程を次の4段階に分類しました (**ワラスの4段階**)。①準備期：まず、解決しようという意欲をもち、必要

な情報を集めたり技術を備えたりして、問題解決に熱中する。②あたため期：いったん問題から離れ、一見問題とは無関係なことをしながら、考えが熟して自然に出てくるのを待つ。③ひらめき期：突然、創造的な問題解決法がひらめく。しかも、その考えは強い確信を伴う。④検証期：ひらめいた考えを吟味し、それが正しいことを検証する。

　このように、スケールの大きな創造的思考は、段階を追って進行します。そして、地道な準備期があればこそ、ひらめきも生まれる点がポイントです。

　ところで、私たちは事物の特定の機能や問題の1つの側面にとらわれてしまい、他の機能や側面に気づきにくくなることがよくあります。たとえば、コロッケを作りたいけれど挽肉がない時、余り物の冷凍餃子を見ても、多くの人は何も思わないでしょう。「冷凍餃子を解凍してつぶせば、挽肉のかわりになる」ことはめったに思いつかないはずです。多くの人には、餃子は餃子でしかなく、餃子の中の挽肉には注意が向きにくいのです。このように融通がきかなくなることを、**機能的固着**と呼びます。機能的固着は問題解決を妨げるものです。そこから抜け出すには、柔軟な創造的思考が要求されるわけです。

3．学習における知能と創造性
　これまで見てきたように、知能と創造性（両者は決して別物ではない）は、学習にとって重要な要素です。潜在的な「学ぶ力」としての知能は言うまでもなく、「学んだことを生かす力」には、創造性も大きく関与しているのです。

　2つのことがらの類似性を手がかりとして、既知の領域の知識を未知の領域にあてはめて考えることを**類推**（analogy）と呼びますが、類推はすでに学んで知っていることを生かすのに役立ちます。たとえば、カメラの構造に関する知識をもっている人が、カメラの構造を手がかりに、目で物を見るしくみを理解する場合が相当します。また、類推の活用によってあらたな問題解決を行うことができます。これは、すでに学んだことを新しい状況で生かせること（学習の**転移**）です。PISA型学力をきっかけに、学んだことをどれだけ生かせるかが、学習の成果として評価されるようになってきました。創造性を働かせて効果的

に類推を行うことが、学習の重要な側面ともいえるでしょう。

　そして、あらたな知能観の出現により、固定的にとらえがちだった知能について、その多様性や向上可能性が注目されるようになりました。学習者のメタ認知や意欲に効果的に働きかける支援が、今後の教育に不可欠となるでしょう。

（三宮　真智子）

【ま　と　め】

　創造的思考には、（　　　）のみならず（　　　）が含まれます。創造的思考を働かせて積極的に、既知の知識を未知の領域へと（　　　）させることが、学んだことを生かす力を伸ばすでしょう。

【さらに学びたい人のために】

ディアリ, I. J.　繁桝算男（訳）（2004）．知能　岩波書店：知能についての研究をわかりやすくまとめています。

三宮真智子（2018）．メタ認知で〈学ぶ力〉を高める──認知心理学が解き明かす効果的学習法　北大路書房：学習に関わるメタ認知の問題を多面的に論じています。

三宮真智子（2022）．メタ認知──あなたの頭はもっとよくなる　中央公論新社：メタ認知を活用して頭の働きをよくする方法を紹介しています。

【引　用　文　献】

Gardner, H.（1993）. *Multiple intelligences: The theory in practice.* Basic Books. 黒上晴夫（監訳）（2003）．多元的知能の世界── MI 理論の活用と可能性　日本文教出版

Guilford, J. P.（1967）. *The nature of human intelligence.* New York: McGraw-Hill.

国立教育政策研究所（2013）．教育課程の編成に関する基礎的研究　報告書5　社会の変化に対応する資質や能力を育成する教育課程編成の基本原理
　〈https://www.nier.go.jp/kaihatsu/pdf/Houkokusho-5.pdf〉

Mayer, J. D., Salovey, P., & Caruso, D. R.（2000）. Models of emotional intelligence. In R. J. Sternberg（Ed.）, *Handbook of human intelligence*（2nd ed.）. New York: Cambridge

University Press, pp.396-422.

日本教育心理学会編（2003）．教育心理学ハンドブック　有斐閣

Sternberg, R. J.（1996）. *Successful Intelligence: How practical and creative intelligence determine success in life.* New York: Simon & Schuster.

Wallas, G.（1926）. *The art of thought.* Harcourt Brace Jovanovich.

Williams, W. M., Blythe, T., White, N., Li, J., Sternberg, R. J., & Gardner, H.（1996）. *Practical intelligence for school.* Harper Collins College Publishing.

Chapter 12　学習指導法

＊　　＊　　＊　　＊　　＊　　＊

　読者のみなさんは、これまでさまざまなタイプの授業を経験してきたことと思います。たとえば、教師が講義するのを聴いたり、クラスで討論したり、班に分かれて作業を行ったりなどです。「こんな授業はわかりやすかった」「つまらなかった」など、好みや向き不向きもあったでしょう。教育現場ではさまざまな指導法（生徒からみれば学習法）が用いられています。この章では代表的な指導法を学んでいきましょう。

第 1 節　さまざまな学習指導法

1．プログラム学習

　スキナー（Skinner, B. F.）が考案した**プログラム学習**は、第 7 章で学んだオペラント条件づけ、なかでもシェイピングの理論を応用した指導法です。シェイピングとは、目標とする行動を単純な行動へと分解して少しずつ条件づけし、目標行動へと近づけていく方法です（第 7 章参照）。この理論に従いプログラム学習では、学習者が学習目標にたどりつくまでの道筋を細かいステップに分けたプログラムを作成します。そして、ステップ（フレームと呼びます）ごとに学習者は問題に回答し、その正誤のフィードバックを受けます（図 12-1）。こうして少しずつ学習を進めて行き、最終的に学習目標に到達することを目指す方法です。プログラム学習は個別指導で用いる方法であり、良質なプログラムを作成すれば、学習者が各自のペースで無理なく学習目標にたどりつくことができます。

　プログラムには、スキナーが考案した直線型と、クラウダーが考案した分岐型があります。直線型はどの学習者も同じステップを同じ順序で学習していき

ティーチングマシーンは教える機械で、教師の機能を擬似的にもっています。教師は目標を説明したり、問題を出したりします。教師が生徒に情報を提示するように、マシンも学習者に（　　）を提示します。	情報
「教える」ことを目的としたティーチングマシンのもつ機能は、目標を示す、問題を出すなど、学習者に（　　）を提示します。	情報
ティーチングマシンの機能の一つは、（　　）の（　　）です。	情報、提示
教師は情報を提示するだけではなく、解答を求める、指示を与えるなど、何らかの反応を生徒に求めます。反応を求めることを「反応の喚起」と言います。ティーチングマシンも学習者の（　　）を喚起します。教師は生徒の反応に応じた展開をします。	反応
教師は生徒の（　　）を喚起します。それと同様に、ティーチングマシンの2つ目の機能は、（　　）の（　　）です。	反応、反応、喚起

図 12-1　プログラム例（山口，2005 を改変）

ティーチングマシンについて学ぶプログラムの一部抜粋。フレームごとに出題される穴埋め問題に対して生徒が回答し、すぐに正誤のフィードバックを受ける。右欄は正答。

ます。分岐型では、学習者の反応の正誤によって、プログラムが枝分かれしていきます。

　プログラム学習を成功させるには、以下の原理を守る必要があります。①積極的反応の原理：受け身な学習ではなく、各ステップの問題に対して学習者が積極的に反応する（たとえば答えを書き込む）ことにより、学習を進めていく。②スモールステップの原理：無理なく学習を進められるよう、目標に至る道筋を細かいステップに分ける。③即時確認の原理：学習者が問題に対して回答したら、すぐに正誤を知らせる。④自己ペースの原理：学習者が自分のペースで学習を進められるようにする。⑤学習者検証の原理：学習者が実際に学習した結果に基づいて、プログラムの良し悪しを判断し、必要な場合はプログラムを修正する。

　プログラム学習は、ティーチングマシンという機器を用いて実施することを想定していました。ティーチングマシンとは教育専用の機器で、問題を順番に

出題したり正誤のフィードバックを与えたりします。その後、ティーチングマシンに代わってコンピュータが用いられるようになりました。プログラム学習を含め、コンピュータを用いた指導を **CAI**（Computer Assisted Instruction, コンピュータ支援学習）といいます。コンピュータが普及した現代だからこそ、プログラム学習の重要性は高まっています。

> **【コラム】指導形態**
>
> 　授業の代表的な指導形態には、一斉指導、小集団指導、個別指導があります。一斉指導とは、クラス全体に対して同じ教材を使って同じペースで同時に教えていく方法です。効率がよい方法ですが、生徒の個人差に応じにくいという欠点があります。小集団指導は、クラスの生徒をいくつかのグループに分けて指導する方法です。楽しい雰囲気になり、生徒の動機づけが高まりやすい一方で、場合によっては無駄なおしゃべりになったり、一部の生徒がさぼったりするなど、非効率的になってしまうことがあります。個別指導は生徒一人ひとりを個別に指導していく方法です。個人差に応じやすい反面、多大な時間や費用、教師の労力や人員を必要とするという問題があります。このようにどの指導形態にも長所と短所があるので、上手に使い分けていく必要があります。

2．完全習得学習

　ブルーム（Bloom, B. S.）の考案した**完全習得学習**（**マスタリーラーニング**ともいいます）とは、学習者が皆きちんと学習目標にたどりつけることをねらった指導法です。この方法の背景にあるのは、キャロルによる考えです。キャロルは、各学習者にとって必要な時間を十分にかけて学べば、すべての学習者が学習課題を達成できると主張しました。ブルームはこの考えを発展させて、以下のような指導法を提唱しました。指導者はまず学習の目標を定め、それを細分化します。そして一斉指導を行いつつ、その途上で各学習者の目標への到達状況を折にふれて評価し（これを**形成的評価**といいます）、十分に目標に到達できていない

生徒には補充指導を適宜行います。こうすることにより、全員が学習目標に到達することが期待できます。

　完全習得学習の考えは、授業における目標と評価の重要性を示しています。まず学習を成立させるためには、目指すゴール地点、つまり、学習の目標をはっきりさせなくてはなりません。その上で、目標への到達状況をこまめに評価し、必要に応じて補足的な指導をしたり、指導方法を修正したりしていく必要があります。近年「指導と評価の一体化」という言葉がよく聞かれますが、目標を明確に決め、その目標への到達状況をきちんと評価し、その結果を指導に反映させるということは、授業を行う上でとても重要なことなのです。

3. 発 見 学 習

　ブルーナー（Bruner, J. S.）の提唱した**発見学習**は、学ぶべき法則や概念などを教師が説明するのではなく、学習者みずからに発見させる指導法です。科学者が法則や概念を発見する過程を追体験させているといえます。日本の板倉聖宣が考案した**仮説実験授業**は、発見学習の一種としてとらえることができます（図12-2）。仮説実験授業では、教師が提示した課題について学習者が予想を行い、仮説へと発展させていきます。そして、その予想や仮説を実験により検証します。たとえば、図12-2の例の場合、物の重さに関する原理を教師が説明するのではなく、生徒がみずから考えて発見し、検証していきます。

　発見学習における教師の役割は、生徒の発見を支援することです。そのために、教師はまず生徒が発見すべき重要な概念等を見定め、発見のための教材や発見の場を生徒に提供します。そして、生徒がその概念等を発見できるよう、必要に応じてヒントを与えたり動機づけを高めたりするなど、発見の過程を側面からサポートしていきます。

　発見学習を行うことにより、深い理解が得られるだけでなく、課題をじっくり考えたり解決法を見出したりする方法も身につけることができます。また、課題に取り組む際の内発的動機づけが高まることも期待できます（第10章参照）。このような考え方や態度を育てることは近年非常に重視されており、特に総合

　ここにねん土のかたまりがあります。このねん土を、下の図のように形をかえて、はかりの上にのせると、その重さはどうなるでしょうか。

①　②　③

予想（自分の予想に○をつける）
ア　①の形にしたときがいちばん重くなる。
イ　②の形にしたときがいちばん重くなる。
ウ　③のように、ほそいひものようにしたときがいちばん重くなる。
エ　①②③はみんな同じ重さになる。
討論　どうしてそう思いますか。みんなの考えをだしあいましょう。
　（ヒント）ねん土をつくっている小さな小さなつぶ（原子）の数は、ねん土の形をかえると、ふえたりへったりしますか。
実験の結果

図 12-2　仮説実験授業の例（板倉・渡辺，1974）

的な学習の時間では、みずから課題を見つけ、解決に取り組む力を育てることがねらいのひとつとなっています。その意味で、発見学習は重要な指導法です。

4．有意味受容学習

　オーズベル（Ausubel, D. P.）が提唱した**有意味受容学習**は、有意味で、かつ受容的な学習のことを指します。まず有意味な学習とは、「意味もわからず機械的に丸暗記する」のとは正反対の学び方です。すなわち、教材が意味不明なものではなく、きちんと意味をもっています。そして学ぶ側も、自分のもっている知識と関連づけることを通してその教材の意味をきちんと理解しながら、上手に自分の知識体系のなかに学んだことを取り込んでいきます（これを包摂作用といいます）。これが有意味な学習です。次に受容的な学習とは、上述の発見学習と対照的な学び方です。発見学習は学習者が学習すべき概念等を自分で発見

する方法でしたが、受容学習とは、教師が学習すべき内容を説明し、学習者はそれを理解し受け入れる学び方を指します。たとえば物の重さについての原理を教師が説明し、生徒はそれを聞いて理解し、受け入れていきます。以上をまとめると、有意味受容学習とは、学習すべき有意味な材料を教師が説明し、学習者がその意味を理解しながら受容していく方法です。講義形式の授業で広く用いられる指導法であり、知識を効率よく伝えることができます。

　有意味受容学習を成功させるためには、あらたに提示される学習内容を学習者がしっかり理解し、自分の知識のなかに取り込んでいけるようにする必要があります。このための大事な工夫が**先行オーガナイザー**です。先行オーガナイザーとは、これから学ぶ内容について、その枠組みとなる情報をあらかじめ与えることを指します。たとえば鋼鉄の性質について詳しく教える前に、その背景的な知識（金属と合金の性質など）を与えておきます。このように学習に先立って先行オーガナイザーを予備知識として与えることにより、それを枠組みとして、学習者はあらたな内容を自分の知識のなかにスムーズに取り込んでいくことができます。先行オーガナイザーは一種のスキーマとして働きます（第9章参照）。

　ここまで、4つの有名な学習指導法を紹介しました。いずれも古典的な方法ですが、現代の教育にとっても重要な示唆を与えています。次の節では、近年注目されている指導法をみていきましょう。

【ま　と　め】

・学習の道筋を細かいステップに分け、ステップごとに問題に回答させ、その正誤を知らせることで学習を進めて行く方法を（　　）といいます。

・すべての学習者が学習目標にたどりつくよう、指導の途上で各学習者の目標への到達状況を評価し、必要に応じて補充指導を行うのは、（　　）という方法です。

・（　　）は、学ぶべき法則などを学習者みずからに発見させる方法です。

・有意味な教材を教師が提示し、学習者がその意味を理解しながら受容していく方法を（　　）と呼びます。

∴∵∴∵∴∵ 第2節　主体的な学びに向けて ∴∵∴∵∴∵

1. アクティブ・ラーニング

　近年の日本の教育界で大変に注目されている学習方法が**アクティブ・ラーニング**です。文部科学省の教育課程企画特別部会が2015年にまとめた『論点整理』によると、アクティブ・ラーニングとは「課題の発見・解決に向けた主体的・協働的な学び」のことです(文部科学省, 2015)。すなわち、教師が一方的に話し生徒がそれをノートにとるといった受け身な学び方とは対照的に、生徒が時に協力しあいながら、みずから主体的、積極的に課題を発見し、解決していく学び方を指します。たとえば先にあげた発見学習は、アクティブ・ラーニングの一種ととらえることができます。**主体的・対話的で深い学び**を実現するには、アクティブ・ラーニングの実施が効果的です。このような学習法はこれまでの授業でも行われてきましたが、今後はよりいっそう押し進めることが求められています。なぜなら、変化の激しい現代社会を生き抜くには受け身な姿勢では不十分であり、みずから主体的に課題を発見、解決し、あらたな価値を創造する姿勢が必要になるからです。

2. 協 同 学 習

　協同学習とは、生徒がいくつかのグループに分かれ、グループのメンバー同士で協力しあいながら学ぶことです。学びにおいて他者との交流は重要であり、助けあいやサポートを通して個人の能力も伸びていきます(第6章の発達の最近接領域を参照)。また、協同学習により、生徒の社会性が育つことも期待できます。協同(協働)による学びは、上述のアクティブ・ラーニングにおいても1つのキーワードとなっています。協同学習にはさまざまなやり方がありますが、ここではバズ学習とジグソー学習を紹介します。

(1)バ ズ 学 習

　バズ学習とは、グループ内でメンバーが話しあいながらすすめていく学習方法です。バズとは蜂がブンブンいう羽音のことで、生徒同士がワイワイガヤガヤ話しあう様子をたとえています。学級全体ではなく少人数で話しあうことで、

各生徒が話しあいに参加する機会が増える、活発な雰囲気になる、といったメリットがあります。バズ学習の一般的な手順は以下の通りです。①教師が提示した課題について、個人思考を行います。②その後でグループに分かれて話しあいます（これをバズ・セッションといいます）。③グループの話しあいの結果を発表し、クラス全体で話しあいます。④教師が補足やまとめを行います。

（2）ジグソー学習

ジグソー学習は、グループのメンバーが分担して課題に取り組むという特徴をもつ方法です。以下の手順で実施します（図12-3）。①教師は課題をいくつかの下位課題に分割し、一斉指導で課題を生徒に伝えます。②生徒を5～6人程度のグループに分け（ジグソーグループ）、グループの各メンバーが担当する下位課題を決めます。③各グループの同じ下位課題を担当する生徒同士が集まってあらたなグループを作ります（カウンターパートグループ）。そしてそれぞれのカウンターパートグループが担当する下位課題に取り組み、結果を出します。④元のジグソーグループに戻って、成果をお互いに教えあいます。

ジグソー学習では教えあいを行うことで、深い学びにつながっていきます。また、各生徒が下位課題を担当することにより、責任感が生まれ、自尊感情が高まります。

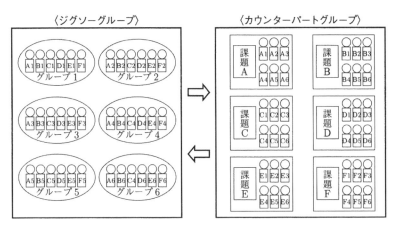

図12-3　ジグソー学習のグループ編成（新井・濱口・佐藤，2009）

> **【ま　と　め】**
>
> 　学習者が主体的に学ぶことを（　　）といい、近年の教育界で大変に注目
> されています。また、クラスがいくつかのグループに分かれ、グループの
> メンバー同士で協力しあいながら学ぶことを（　　）といいます。これには、
> グループ内でメンバーが話しあいながら学習をすすめていく（　　）、グ
> ループのメンバーが分担して課題に取り組む（　　）などがあります。

∵∴∵∴∵∴∵ 第３節　個に応じた指導 ∵∴∵∴∵∴∵

　ここまで見たように学習指導法にはさまざまなものがありますが、それでは、
もっとも効果的な指導法はどれなのでしょうか。ここで知っておくべき概念が、
クロンバック（Cronbach, L. J.）が提唱した**適性処遇交互作用**、略して **ATI**（Aptitude
Treatment Interaction）です。これは、生徒の適性（さまざまな特性のこと。知能、学力、
性格、動機づけなど）により、処遇（教え方のこと。指導法以外にも、教材や教師の特性
なども含む）の効果が変わることを指します。つまり、生徒の特性により、適切
な指導法は変わってくるということです。たとえばスノーら（Snow et al., 1965）
は、物理学を大学生に教える場合、学生の特性によって、指導法（教師が実演し
て教える方法と、映画を見せて教える方法）の効果がどのように変化するか調べまし
た。その結果、対人積極性が高い学生では教師が実演する指導法の方が効果
的だったのに対し、対人積極性が低い学生では映画を見せる方法の方が効果的
だったのです（序章の図序-1）。

　上記からもわかるように、教師はできるだけ各生徒の個性にあわせる工夫を
しなくてはなりません。そのためには、一斉指導のみでは個性に対応しにくい
ので、小集団指導や個別指導も取り入れるべきです。また、**ティーム・ティー
チング**（複数の教師が協力して指導すること）によっても、個々の生徒を支援しやす
くなります。学習の進み具合に応じてグループ分けして指導する**習熟度別指導**
も個人差に対応する方法のひとつです。いずれの工夫を行うにせよ、教師は普
段からよく生徒を観察したりこまめに評価したりして、生徒の個性の把握に努

【コラム】学習者の認知特性に応じた学習指導法

　適性処遇交互作用で述べたように、学習者にはその人それぞれに特性があるため、その人の特性に合った学習指導法を用いると、より効果的に学習できます。特性のなかでも、物事のとらえ方である**認知特性**が学習に大きく関わります。たとえば、本田・木下（2015）は認知特性を視覚優位、言語優位、聴覚優位の３タイプに大別しています。つまり、見たままを写真のようにとらえるのが得意、言葉に置き換えてとらえるのが得意、音声的な情報でとらえるのが得意、のように分かれます。ですから、同じ学習項目であっても、視覚優位の人なら、見たり読んだりして目から情報を取り入れる方法が理解しやすく、聴覚優位の人なら、説明を聞いて耳から情報を取り入れたり口頭で応答したりする方が理解しやすいでしょう。なお、一人ひとつの認知特性をもつというわけではなく、複数の特性をもっていたり、状況に応じて使い分けたりする人もいます。

　また、発達検査の研究に基づき、**継次処理**か**同時処理**かという認知処理様式の観点もあります（第 16 章のコラム「知能検査」参照）。継次処理の強い人はひとつの情報を順序立てて系列的にとらえるのに対し、同時処理の強い人は複数の事柄を関連させて全体をおおまかにとらえるのが得意です。たとえば、文章を読む際、継次処理型なら文章を少しずつ詳しく読み進める、同時処理型なら最初に全体をざっと読んでおおまかに把握してから読んでいくと理解しやすいです（藤田，2008）。先に述べた認知特性のタイプともつながり、継次処理は言語優位や聴覚的優位で、同時処理は視覚優位で行われやすいです。

　これからの教育では、学習者それぞれの特性をふまえて、その人がより学びやすい方法を探ることが重要となるでしょう。　　　　　　　　　　　（柏崎　秀子）

【文献】

藤田和弘（監修）熊谷恵子・柘植雅義・三浦光哉・星井純子（編著）（2008）．長所活用型指導で子どもが変わる Part 3──認知処理様式を生かす各教科・ソーシャルスキルの指導　図書文化社

本田真美・木下勝（2015）．タイプ別「頭がよい子」になるヒント　自由国民社

める必要があります。また、さまざまな指導法を身につけておき、上手に使い分けなくてはなりません。さらに、生徒の自己制御学習の力を育てることにより（第11章参照）、自分の個性に合わせた学びを生徒が自分で工夫できるようになります。

（宮脇　郁）

【ま と め】

生徒の個性によって適切な指導法が異なることを（　　）といいます。教師は生徒の個性に対応するために、小集団指導や（　　）指導を取り入れたり、複数の教師で指導にあたる（　　）を行ったり、学習の進み具合に応じてグループ分けして指導する（　　）を行ったりする必要があります。

【さらに学びたい人のために】

市川伸一（2000）．勉強法が変わる本──心理学からのアドバイス　岩波書店：心理学の立場から、効果的な勉強方法を説明しています。学ぶ側にとっても教える側にとっても役に立ちます。ジュニア向けなので読みやすいです。

小林昭文（監修）（2016）．図解　アクティブラーニングがよくわかる本　講談社：アクティブ・ラーニングの指導のポイントを、イラストを用いながら紹介しています。アクティブ・ラーニングの具体的なイメージがつかめます。

【引 用 文 献】

新井邦二郎・濱口佳和・佐藤純（2009）．心理学の世界　基礎編6　教育心理学──学校での子どもの成長をめざして　培風館

板倉聖宣・渡辺慶二（1974）．仮説実験授業記録集成4　ものとその重さ　国土社

文部科学省（2015）．教育課程企画特別部会　論点整理

Snow, R. E., Tiffin, J., & Seibert, W. F. (1965). Individual differences and instructional film effects. *Journal of Educational Psychology*, **56**(6), 315-326.

山口榮一（2005）．授業のデザイン　玉川大学出版部

Chapter 13　教育評価

＊　　＊　　＊　　＊　　＊　　＊

　読者の皆さんは、「教育評価」と聞くと何を思い浮かべますか。おそらく多くの人は、成績や通知表、テストなどを思い浮かべることでしょう。このため、評価というと「成績をつけられる」「序列化される」という印象を抱き、あまりいいイメージをもてないかもしれません。それにもかかわらず、なぜ教育現場ではひんぱんに評価が行われるのでしょうか。この章ではまずなぜ評価が必要なのかを考えます。次に評価の種類と方法を概観し、最後に、適正な評価を行うための注意点を学びましょう。

∴∵∴∵∴∵ 第1節　教育評価の意義 ∴∵∴∵∴∵

　教育評価とは、教育活動についての評価のことです。とくに学校で行われる評価を指すこともあります。上述の成績や通知表、テストは評価を構成する一要素です。教育に評価はつきものであり、より良い教育を行うには、評価が欠かせません。それはなぜかというと、教師が指導を改善するためにも、生徒が学習を改善するためにも、評価が必要だからです。教授活動は、**PDCA サイクル**としてとらえることができます。PDCA とは、Plan（計画）、Do（実行）、Check（評価）、Act（改善）の略です。PDS（Plan‐Do‐See）サイクルともいいます。これを教授活動にあてはめると、まず授業の計画を立て（Plan）、その授業を実行し（Do）、授業がうまくいったか評価し（Check）、その結果をふまえて次の授業を改善する（Act）ということになります。このように、授業を行ったらそれで指導は終了というわけではなく、必ずその授業をふり返って教師の教え方や生徒の学習の程度を評価し、次の授業に活かさなくてはなりません。こうする

ことによって指導が改善し、より良い教育を行うことができるようになるのです。また、生徒にとっても評価は必要です。評価の結果を受けて、生徒はみずからの学習を改善したり、学習への動機づけを高めたりします。

　より良い教育を行うために、評価すべき対象は多岐にわたります。生徒の学習状況のみならず、性格や適性なども評価する必要があります。また、教師の指導力も評価しなくてはなりません。さらに学級やカリキュラム、学校全体、地域の支援体制、教育行政なども評価対象となります。

∵∴∵∴∵∴ 第2節　さまざまな種類の評価 ∵∴∵∴∵∴

　以下では生徒の学習状況の評価を中心に学んでいきます。評価にはたくさんの種類があります。代表的なものを概観していきましょう。

1．いつ評価するか

　ブルーム（Bloom, B. S.）は評価をどのタイミングで行うかによって、**診断的評価、形成的評価、総括的評価**の3つに分けました。診断的評価とは、ひとまとまりの学習が始まる前に行う評価です。たとえば学年のはじめ、学期のはじめ、単元のはじめ、授業のはじめなどに行います。診断的評価では、学習に必要な知識や技能を生徒が身につけているかを事前に把握し、指導の計画に生かします。また、もし学習に必要な知識や技能が不足していたら、それを補う指導を行います。次の形成的評価とは、学習を行っている途上で行う評価です。形成的評価を折にふれて行うことにより、そこまで学習してきたことを生徒がきちんと身につけているかを確認し、もし身についていなければ補充の指導を行います。そして必要に応じて、指導を軌道修正します。最後の総括的評価とは、ひとまとまりの学習が終わってから行う評価です。たとえば、学年の終わり、学期の終わり、単元の終わり、授業の終わりなどに行います。期末テストや中間テストは総括的評価としてとらえることができます。総括的評価を行うことにより、指導のトータルの効果を確認します。

ブルームはこれらの評価を取り入れた指導法として、**完全習得学習**を提唱しました（第12章参照）。3種類の評価のなかでブルームがもっとも重視したのは形成的評価です。形成的評価を行い、必要に応じて補充の指導を行うことにより、すべての生徒が学習内容をきちんと身につけられるからです。

以上のように、指導のあらゆる時期に評価が実施され、その結果が指導へと反映されていきます。近年「**指導と評価の一体化**」という言葉が聞かれるように、教育効果を高めるためには、評価を指導に生かすことが欠かせません。

2. 何と比べて評価するか

何と比較して生徒を評価するかによって、評価を**相対評価**、**絶対評価**、**個人内評価**に分けることができます。相対評価とは、生徒が集団のなかでどこに位置づけられているかで評価するものです（**集団準拠評価**ともいいます）。たとえば、かつての学校教育では、成績評価において5段階相対評価が行われていました。すなわち、学年全体を成績の良い順に並べ、上位7%の生徒に5を与え、次の24%に4、次の38%に3、次の24%に2、残りの7%に1を与えます。また、**偏差値**も相対評価の代表例であり、50なら集団の平均、50以上なら平均以上、50以下なら平均以下ということを意味します（偏差値の計算方法については第11章参照）。相対評価の長所は、生徒の集団での位置づけによって機械的に評価できるので、教師の主観に左右されずに客観的な評価を行うことが可能な点です。このためかつての学校教育では、相対評価による成績評価が行われていました。しかし反面、相対評価には多くの短所があります。すなわち、生徒間の過度の競争をあおること、一部の生徒には必ず低い成績をつけなければならないこと、仮に生徒が努力して能力を伸ばしたとしても、必ずしも評価結果に反映されない（ほかの生徒も能力を伸ばしたら、集団のなかでの相対的な位置づけは変わらない）ことなどです。

絶対評価では、他者の成績との比較ではなく、あらかじめ決められた基準との比較によって評価します。代表的なのが、学習目標にどの程度到達できたかで評価する**目標準拠評価**です（**到達度評価**もほぼ同義です）。たとえば、5段階評価を目標準拠評価で行う場合、目標に十分到達している生徒全員に5を与えます。絶対評

価には、生徒の能力の伸びを評価しやすいという長所があります。また、目標に照らして評価することにより、生徒が学習内容をきちんと身につけているか確認できるので、形成的評価や総括的評価に向いています。このため、現在の学校教育では絶対評価が主流になっています。ただし、絶対評価の問題として、相対評価のように機械的に評価を決定できないので、教師の主観によって結果が左右されうるという点があげられます。この問題を避けるためには、授業の目標と到達基準を事前に明確に定めておく必要があります。そのような工夫のひとつに**ルーブリック**があります。ルーブリックとは、評価項目ごとに具体的な到達基準を段階別に示した表です（表13-1）。ルーブリックによる評価はとくに、思考力や判断力、作品や技能など、数量的に把握しにくいものを評価するのに向いています。

表13-1　ルーブリックの例：国語の課題「解説文を書こう」のルーブリック（山下，2008）

	主題の読み取り	登場人物への理解
A	いくつかのエピソードを関連づけて、主題との関係が分かるよう、構成を考えて書かれている。作品の時代や社会背景に触れられている。主題を受けて、自分の意見を述べている。	人物の説明（特に置かれた状況の違いによる人物の心情の変化）が、主題と関連するように構成を考えて書かれている。時代や社会背景を考えて人物の行動や心情を説明している。人物の行動や言葉を引用して、心情を共感的にとらえた上で説明している。
B	作品の主題について読み取っている。作品の時代や社会背景に触れている。ただし、複数の場面を関連づけるという点では弱さが残る。	人物の心情を、その人物が置かれていた状況やエピソードと関連づけて説明している。人物の心情を共感的にとらえた上で、説明している。
C	あらすじのみに終わっている。または作品を離れ、一般的な平和論や独自の感想を述べるにとどまっている。	説明がなく、自分の感想に終わっている。人物の心情に共感しようとせず、自分の意見を述べるにとどまっている。

　最後に、個人内評価とは、たとえば成績を学期間で比較したり、科目間で比較したりするように、その生徒のなかで比較して評価することを指します。この評価は個々の生徒の学力の伸びや得意不得意を把握しやすいので、生徒の個性をとらえるのに向いている評価といえます。

3．誰が評価するか
　誰が評価を行うかによって、評価を**他者評価**、**自己評価**、**相互評価**に分ける

ことができます。他者評価とは、教師が生徒を評価する場合のように、評価される本人以外の人が評価することです。すでに述べたように、教師が生徒を評価することは指導に不可欠です。しかし同時に、生徒が自分で自分を評価する自己評価も必要です。自己評価は自己調整学習（自己制御学習、第10章参照）において重要な要素となります。よって、教師は生徒に自己評価をさせる機会を設けるべきです。また、時には生徒同士で互いに評価しあう相互評価（ピアレビューともいいます）も取り入れるとよいでしょう。

4．観点別評価

　現在の学校教育では、**観点別学習状況の評価**（**観点別評価**）が行われています。具体的には、各教科の到達度を「知識・技能」、「思考・判断・表現」、「主体的に学習に取り組む態度」の3つの観点から、3段階（十分満足できる、おおむね満足できる、努力を要する）で評価します。この時、絶対評価が用いられます。そしてこれらの観点を総合して、その教科の成績の評定がなされます。このように複数の観点を用いることにより、知識や技能に偏らない多面的な評価が可能となります。

> **【ま　と　め】**
> ・教授活動は、計画、実行、評価、改善の（　　）サイクルになっています。
> ・学習が始まる前に行う評価を（　　）評価、学習の途上で行う評価を（　　）評価、学習の終了後に行う評価を（　　）評価といいます。
> ・（　　）評価とは集団のなかでの位置づけにより評価すること、（　　）評価とは授業の目標などあらかじめ決められた基準に照らして評価すること、（　　）評価とはその生徒のなかで比較することです。
> ・評価される本人以外の人が評価を行うことを（　　）評価、自分で自分を評価することを（　　）評価、生徒同士で互いに評価しあうことを（　　）評価といいます。
> ・現在の学校教育では、各教科を「知識・技能」、「思考・判断・表現」、「主体的に学習に取り組む態度」という3つの観点から評価する（　　）評価が行われています。

⋰⋱⋰⋱⋰⋱ 第3節 評価の方法 ⋰⋱⋰⋱⋰⋱

1. テ ス ト

(1) テストの形式

　評価の代表的な方法として、テストがあげられます。テストはその形式によって、**客観テスト**と**論文体テスト**に分けることができます。客観テストとは、客観的な採点が可能、つまり、採点する人により採点結果が変わることのないテストです。客観テストはさらに再生形式と再認形式に分かれます (表 13-2)。再生形式とは、単語で答える問題などのように、学習した知識等を生徒が思い出して生成するタイプの問題です。たとえば、「日本の初代内閣総理大臣は誰か」に対して「伊藤博文」と答えるような場合です。選択肢は用意されておらず、生徒自身で答えを生成して書き込みます。再認形式とは、記号や○×で答える問題などのように、選択肢から選んで答えるタイプの問題です。客観テストは知識を測るのには向いていますが、思考力や表現力を評価するのには向いていません。これに対し、論文体テストは「……について説明せよ」のように、文章で答えるタイプの問題です。論文体テストは思考力や表現力、深い理解を評価するのに向いていますが、採点が難しく、教師の主観によって左右されや

表 13-2　テストの形式 (荷方，2015)

方法	想起の方法	出題形式	内　容
客観テスト	再認形式	真偽法	○×で内容の真偽を答えさせる
		多肢選択法	複数の選択肢のなかから正しいものを選ぶ
		組み合わせ法	選択肢から関係する対を選ばせる
		選択完成法	文や表などの空欄に、選択肢から正しいものを選んで埋めさせる
	再生形式	単純再生法	質問に対して、簡単な用語や文を書かせる
		完成法	文や表などの空欄に、答えを書かせる
		配列法	複数の項目を一定の規則に並べ替える
		訂正法	誤り部分を指摘し、正しく訂正させる
論文体テスト			「〜について述べよ、要約せよ」など、知識や見解、意見などを長文で記述させる

すいという短所があります。このように客観テストと論文体テストはそれぞれ特徴があるので、上手に使い分けたり組みあわせたりしましょう。

（2）テストの作成過程

中学校や高校で通常実施されるテストは、授業を担当する教師自身が作成したものです。これを教師作成テスト（教師自作テスト）といいます。教師作成テストは、授業の内容に即して柔軟に問題を設定できるという長所があります。これに対し、テストの専門家が標準化という手順を踏んで作成したテストを標準テストといいます。標準学力検査や知能検査（第11章参照）がこれにあたります。標準化を行うことにより、テストの実施方法や採点方法、結果を解釈する基準が厳密に定められ、さらに信頼性や妥当性（コラム「良いテストの条件」参照）が確保されます。このため、広く学校の枠を越えて共通に実施し、比較することができます。

2．テスト以外の評価方法

教育評価の方法は、テスト以外にもさまざまなものがあります。梶田（2010）は以下の方法をあげています。

（1）質問紙：心理状態などに関する所定の質問に答えさせる方法です。主に「主体的に学習に取り組む態度」や性格などを測るための方法です。

（2）面接（問答法）：教師が生徒に口頭で質問し、答えさせる方法です。あらたまった面接場面のみでなく、広い意味では授業中の問答も含まれます。

（3）観察記録：生徒の活動の様子を観察します。

（4）レポート・作文等：課題を与え、レポートや作文を書かせる方法です。

（5）製作物や実演：美術や図画工作における製作物や、音楽や体育における実演により評価する方法です。

評価を行う際には、テストのみに頼らず、さまざまな方法を用いるようにしましょう。その理由は、第1に、一般にテストは回答するのに時間がかかるので、こまめな形成的評価を行いたい場合には実施が難しいことがあります。そういう場合は、問答や観察であれば手短に実施可能です。第2に、テストで評

価できる学力は限られています。「知識」は比較的評価しやすいですが、「技能」や「主体的に学習に取り組む態度」の評価には向いていませんし、「思考・判断・表現」もテスト以外の方法の方が評価しやすいことがあります。いろいろな評価方法を組みあわせて、学力を多面的に評価しましょう。とくに近年では、PISA 型学力や 21 世紀型能力など、学力を幅広くとらえるようになっていますので (第 11 章参照)、これに応じて評価方法も多様化する必要があります。

3. 真正の評価

　上述のように、テストで評価できる学力には偏りがあるため、生徒が実生活で生かせるような本物の学力を評価できない恐れがあります。そこで、現実場面に即した実際的な課題に取り組むなかで生徒を評価しようという「真正の評

価」という考えが生まれました。この考えに基づく評価方法として、**ポートフォ**
リオ評価やパフォーマンス評価があります。

　ポートフォリオは「書類入れ」「ファイル」という意味の言葉です。教育評価におけるポートフォリオとは、生徒の学習や成長の過程を示すようなもの、たとえば作品、作文やレポート、ノート、調べ学習の成果、教師のコメント、自己評価などを収集したもので、これを用いて評価することをポートフォリオ評価といいます。ポートフォリオ評価は生徒の成長の過程を評価するのに向いています。ポートフォリオに収める物を取捨選択する作業には生徒も参加します。また、生徒と教師が対話しながらポートフォリオを振り返って評価します。このような活動を通して、生徒の自己評価の力が高まっていきます。

　パフォーマンス評価とは、完成した作品、課題の発表、実技や実演などを評価することです。この評価を行うには、現実場面に即しており、かつ遂行するのにある程度長い時間がかかる課題を与え、その成果を評価します。

　ポートフォリオ評価やパフォーマンス評価は、学習のプロセスを評価したり、生徒を多面的に評価したりするのに向いている方法です。どの教科でも使える方法ですが、とくに総合的な学習（探究）の時間の評価に適しています。これらの評価を行う際には、評価基準を明確にするために、先に述べたルーブリックを用いるとよいでしょう。

【ま　と　め】
・テストの形式のうち、（　　）テストは採点する人により採点結果が変わることのないテストです。（　　）テストは文章で答えるタイプのテストです。
・授業を担当する教師自身が作成したテストを（　　）テストといいます。一方、標準化の手順を踏んで作られたテストを（　　）テストと呼びます。
・（　　）評価とは、生徒が学習する途上で発生した作品やレポートなどを収集したものに基づいて評価する方法です。

∴∵∴∵∴∵ 第4節　評価の歪み ∵∴∵∴∵∴

　当然ながら評価は公正に行わなくてはなりません。しかし時には、教師の主観により評価が歪んでしまうこともあります。評価の歪みには、以下のようなものがあります。

（1）ハロー効果（光背効果、後光効果）：対象者のある側面に良い（悪い）印象をもっていると、他の側面にも良い（悪い）印象をもってしまうことです。たとえ

【コラム】教師の思いが生徒に与える影響

　ローゼンソールらは、教師が生徒に期待をもつことによって、生徒の成績が伸びることを示しました（Rosenthal & Jacobson, 1968）。彼らの実験では、生徒の成績の伸びを予想できるというふれこみのテストを生徒に実施し（実際には単なる知能テストであり、伸びを予想できるテストではありませんでした）、その結果を教師に伝えました。ただしその結果は本当の成績ではなく、ランダムに割り当てた偽の結果でした。すると、好成績、つまり成績が今後大きく伸びるとされた生徒（実際は好成績とは限らない）は、8ヵ月後に大きな成績の伸びを示したのです（第14章図14-2参照）。この研究から、教師が「この子は伸びる」と期待をもった生徒は、実際に伸びる傾向にあることがわかります。これは、より丁寧に指導するなど、教師の生徒に対する接し方が変化したためと考えられています。このように、人に期待をかけることによって、その期待通りになっていくことを**ピグマリオン効果**といいます（教師期待効果ともいいます）。ローゼンソールの研究は、教師の生徒に対する評価が、教師の指導の仕方を変え、生徒の学力にも影響することを示しているといえます。また、似た現象として、人は注目され、特別な扱いを受けると、やる気が高まり行動が変化するというホーソン効果もあります（ただしこの現象については否定的な見解もあります）。このように、教師が生徒を信じ、期待をかけ、注目していくのは、生徒の成長のために大事なことなのです。

ば、性格の良い生徒は成績も良いと思ってしまいます。

　（2）**寛容効果**：他者に対する評価は好意的になりがちなことです（または好きな生徒に対しては評価が甘くなることを指します）。

　（3）**中心化傾向**：極端な成績を避ける傾向です。たとえば5段階評価で1や5をつけることを避けがちになります。

　（4）**ステレオタイプの影響**：ステレオタイプとは、ある集団に属している人々に対して共通にもつイメージです。たとえば「女子は家庭科が得意」というステレオタイプがあると、女子の家庭科の成績を高く評価してしまいます。

　以上のような歪みは、知らず知らずのうちに評価に影響してしまうものです。よって、教師は評価の歪みを起こさないように自制する必要があります。

（宮脇　郁）

【ま　と　め】
・生徒のある側面に良い印象をもっていると、他の側面にも良い印象をもってしまうことを（　　）効果といいます。
・（　　）傾向とは、極端な成績をつけることを避けがちなことです。
・ある集団のメンバーに対しで共通に抱くイメージを（　　）といい、これが評価に影響を与えてしまうことがあります。

【さらに学びたい人のために】

梶田叡一（2010）．**教育評価〔第2版補訂2版〕**　有斐閣：教育評価研究の第一人者による著書です。評価について幅広く体系立てて学ぶのに役立ちます。

ロウントリー，D.　加納悟（訳）（2001）．**新・涙なしの統計学**　新世社：教師が評価を行う際には、最低限の統計学の知識が必要になります。この本は数学が苦手な人でも統計学を理解できるように工夫して書かれています。

【引　用　文　献】

山下純夫（2008）．作品の主題を読み取る　西岡加名恵（編著）「逆向き設計」で確かな学

　力を保障する　明治図書出版　pp.74-83

梶田叡一 (2010). 教育評価　第 2 版補訂 2 版　有斐閣

荷方邦夫 (2015). 教育評価　服部環 (監修) 安齊順子・荷方邦夫 (編著)　「使える」教育
　心理学　第 3 版　北樹出版　pp.98-113

Rosenthal, R. & Jacobson, L. (1968). *Pygmalion in the Classroom: Teacher expectation and pupils' intellectual development.* New York: Holt, Rinehart and Winston.

Chapter

14 学級集団づくり

＊　　＊　　＊　　＊　　＊　　＊

　みなさんは学校生活をふり返ってみて、どのような学級が楽しかったでしょうか。この章では、生徒たちが自分の存在が認められ、役にたっていると感じることのできる学級づくりに必要な手立てについて学習していきましょう。

第1節　学級集団とは

1. 学級集団の特徴

（1）公式集団と非公式集団の二重構造

　学級集団とは、教育目標を達成するために、公の制度に基づいて発達段階が同程度の生徒たちを集めた集団です。これを制度的に組織化された「**公式集団**」といいます。一方、学級のなかにある、自然発生的につくられた情緒的色彩の強い集団、いわゆる仲良しグループのことを「**非公式集団**」といいます。「非公式集団」は、「公式集団」と同様にもしくはそれ以上に、生徒の学習行動や心身の発達に影響を及ぼすと考えられます。

（2）教師の統率と集団継続期間

　学級には集団を率いる教師が存在し、教師は生徒たちに強い影響力をもって、学級を統率する立場にあります。そのため、教師の生徒とのかかわり方や生徒に対する姿勢が学級のあり方に大きな影響を与えていると考えられます。

　学級集団は年度が替わる際にクラス替えが行われて、その継続期間は1年か2年間と比較的短いです。学級編成を変えることによって、異なったタイプの教師や多くの仲間と交流させ、教育機会の質的な均等を図ること、またさまざまな人との出会いを通して、自分の精神のあり方を相対的にとらえ直す機会を

与え、精神的な成長を促すことができると考えられています。

（3）学級の社会的風土（学級風土）

学級にはにぎやかな学級、規律正しい学級など、学級全体としてもつ心理社会的な性質である社会的風土（**学級風土**）があります。学級風土の形成には、教師のリーダーシップや学級運営のあり方だけではなく、学級内の物理的な特徴（机の配置や整理整頓状況など）や生徒の個性、生徒同士の関係性、教師と生徒との関係性など、さまざまな要因が相互に影響していると考えられます。こうして形成された学級風土は生徒の学業達成や動機づけ、社会的な発達など多様な側面に影響を与えます。

2．学級集団の機能

では次に、学級集団が生徒一人ひとりに具体的にどのような影響を及ぼすかを考えていきます。

（1）学習の促進機能

生徒同士で協力して課題を解決したり競争したりすることで、動機づけが向上し知識の幅が広がるなどといった、個人学習では得られない教育的効果が生じるとされています。オルポート（Allport, G. W.）は、このように他者の存在によってパフォーマンスが良くなる現象を**社会的促進**と呼んでいます。一方、友だちと一緒に勉強するとひとりの時より集中しにくいように、他者の存在によってパフォーマンスが低下することは**社会的抑制**と呼ばれます。一般的には、十分に慣れ親しんだ課題を行う時には社会的促進が生じやすく、困難な課題や学習が不十分な時には社会的抑制が生じやすい、といわれています。

（2）社会化の機能

日本の学校では、学級は学習集団であると同時に生活集団でもあります。学級集団は、生徒を**社会化**する場としても重要な意味をもっています。朝の会、係活動、当番活動、学級行事などのさまざまな活動を通して、生徒たちは自分の所属する社会の価値基準やルールを体得していきます。また学級は自己を確立する基盤を形成する場としても重要です。学級の仲間とのかかわり合いのな

〜〜【コラム】学級集団の発達過程 〜〜

　新学期の新しい学級では、互いが知らない者同士でばらばらですが、しだいに学級としてのまとまりをもつように変わっていきます。こうした学級集団の発達過程について、蘭・古城（1996）は4段階を示しています（①探り合いの段階、②対立・葛藤の克服と集団の基礎づくりの段階、③学級アイデンティティの確立の段階、④相互啓発の段階）。そして、教師が後から良い学級だったと思える学級ほど、学級目標が構造化されており、目標達成に向け、教師主導から生徒主導へ、教師決定から各生徒の個人決定へと変化していくという特徴をもっています。さらに生徒の主体性が増すことにより、規範の面でも自律できるようになります。そして、こうした個々人の自立こそが学級内におけるお互いの信頼関係へと発展しています。

表 14-1　学級集団の発達過程（河村，2010 より作成）

	各発達段階の特徴	教師のかかわり
第1期 混沌 緊張期	学級編成直後で子ども同士に交流が少なく、学級ルールも定着していない。集団への帰属意識も低く、一人ひとりがばらばらの状態。	・子どもとの関係づくり ・集団生活のルール理解を促進する教示的対応
第2期 小集団 形成期	学級ルールが徐々に意識され、子ども同士の交流も活性化するが、小集団同士の友達の引っ張りあい、トラブルがよく見られる。	・小集団活動を固定化させないための予防的かかわり ・ルールの習慣化および責任ある役割活動の徹底
第3期 中集団 形成期	学級ルールがかなり定着し、小集団同士のぶつかりあい後の安定した状態。リーダーのいる小集団が中心となって複数の小集団が連携でき、学級の半数の子が一緒に行動できる。	・小集団が連携できる活動の設定・展開 ・学級リーダーへの支援
第4期 全体集団 成立期	学級ルールがあらかた定着し、学級全体の流れに反する子どもともある程度の折り合いがつき、ほぼ全員で一緒に行動できる。	・学級全体で取り組む活動の設定・展開 ・すべての子が受容され、学級に貢献できる実感を体験できる場の設定
第5期 自治的 集団 成立期	学級ルールが内在化され、規則正しい全体生活・行動が温和な雰囲気で展開される。課題にあわせてすべての子がリーダーシップをとれるようになる。学級の問題は自分たちで解決でき、お互いの成長のために協力できる。	・子どもたちがみずから納得できる自主的な活動への支援 ・学級を越えた活動の設定・展開

　ただ、学級集団の発達過程には、教師の働きかけも関係します。河村

(2010) はルールとリレーション (関係性) の観点から学級集団の各発達段階に必要な教師の指導スキルを示しています (表14-1)。つまり、教師は学級の状態と変化の兆候を把握し適切な働きかけを行うことが大切ですね。

かで、仲間と比較して自分を評価したり、自分の考え方の妥当性を確認したりします。こうした**社会的比較**のプロセスを通じて、生徒たちは、自分がどのような人間なのか理解するようになります。また学級の仲間同士で認めあう関係性ができると、自己受容が可能となり、自己を確立していく基盤が形成されると考えられています。

> **【まとめ】**
>
> 学級集団は、制度的に組織化された (　　) であるだけでなく、自然発生的な情緒的色彩の強い (　　) でもあり、二重構造の集団です。その心理社会的な性質を (　　) といいます。学級集団の機能には、学習集団としての (　　) の促進と、多様な活動を通した (　　) があります。学級集団の状態は (　　) していくため、各段階での (　　) のかかわりが大切です。

∴∵∴∵∴∵ 第2節　教師と生徒との関係 ∴∵∴∵∴∵

1. 教師の生徒に対する影響力

(1) 勢 力 資 源

教師には生徒に対する潜在的な影響力があり、それを**勢力資源**といいます。勢力資源には、罰によるもの (教師の指示に従わないと叱るなど) と教師の魅力によるもの (教え方がうまい、性格が明るいなど) とがあります。罰による勢力資源だけでは、教師と生徒の人間関係は役割的で表面的になり、生徒は教師の指導に不

満をつのらせてしまいます。それに対し、教師の魅力が多く罰による勢力資源が少ないと、生徒たちの学級生活への意欲や満足感が高まります。教師は日頃から生徒の意欲を高められるよう努めたいものです。

（2）教師のリーダーシップ

また、教師は学級をどのように率いるのでしょうか。三隅・吉崎・篠原（1977）は教師のリーダーシップについて、集団目標の達成に関する **P 機能**（Performance：目標達成機能）と、集団維持に関する **M 機能**（Maintenance：集団維持機能）からとらえています。P 機能は、生徒の成績を向上させたり、行事の際に生徒たちが最大限の力を発揮したりできるように導くなど、生徒たちを学習目標に到達させる機能です。M 機能は、生徒同士の交流を促したり生徒の気持ちを受けとめたりするなど、生徒の集団生活に配慮した機能です。これらの2つの機能を組みあわせ、教師のリーダーシップを、PM 型、Pm 型、pM 型、pm 型の4類型でとらえるのが **PM 理論**です（図 14-1）。

こうした教師のリーダーシップは、生徒たちの学校生活における意欲や充実感（**学校モラール**）と関連しているといわれます。PM型のリーダーシップが発揮される学級では、生徒の学校モラールが高く、生徒同士の連帯が強く、規則が遵守され、学習意欲も良好で、学校への不満は少ないことがわかっています（三隅ら，1977）。

図 14-1　PM 式リーダーシップ類型

2．教師による生徒理解とその影響

教師がどのように生徒をとらえるかによって、生徒の発達になんらかの影響を及ぼすことがあるでしょうか。両者の関係を見てみましょう。

まず、教師が生徒に期待を抱くと、生徒の成績が実際に上昇することが知られています。**教師期待効果**（**ピグマリオン効果**）といわれ、ローゼンソールとジェイコブソン（Rosenthal & Jacobuson, 1968）の実験で明らかにされました（p.162 第 13

章第4節コラム参照）。実験では、「知能の伸びを予測するテスト」と称して、小学生に通常の知能テストを実施し、知能テストの結果とは無関係に無作為に児童を数人選び「将来必ず知能が伸びる」という情報を教師に伝えました。8ヵ月後に、その無作為に選ばれた児童たちは（とくに低学年で）著しい知能指数の伸びを示しました（図14-2）。これは、知能が高いと伝えられた児童に対して、教師が肯定的な期待を抱き、賞賛や助言を多く行うように接し方が変わったためであると指摘されています。また逆の現象として、教師が生徒に対し、あの子はできないから、などといった否定的な期待を抱き、それが実現してしまう現象（**ゴーレム効果**）もみられます。教師は生徒に対して肯定的な期待を抱いて接することが重要であるといえるでしょう。

次に、「**光背効果**」（**ハロー効果、後光効果**）とは、人物評価を行う際、はじめに注目したある特性に対する評価が全体の評価に影響する現象です。たとえば、学業成績で高い評価を受けた生徒は、それとは関連のない性格行動面でも教師から高い評価を受ける傾向にあるということです。このことから、教師は生徒の各側面をきちんと評価することが大切だといえます。

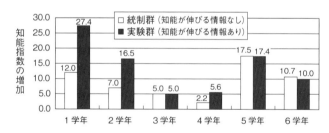

図14-2　**教師の期待の有無が知能指数の増加に及ぼす影響**（Rosenthal & Jacobson, 1968）

【ま と め】

　教師の影響力を考えると、罰に基づいた強制的な（　　）だけでは、生徒の学級生活への意欲や満足感を高めることができません。PM理論において（　　）型のリーダーシップが発揮される学級では、学校モラールがもっ

とも高くなります。教師が期待すると生徒の学業成績が上昇する現象は（
　）であり、その逆の現象は（　　）と呼ばれています。また、一部の特性
に注目した評価が全体的評価に影響する（　　）効果もあります。

∴∵∴∵∴∵ 第3節　学級における仲間関係 ∴∵∴∵∴∵

1. 仲間関係の発達

　小学校低学年では、友だちを選ぶ際に、帰宅する方向が同じだから、出席番号が近いからなど物理的な距離の近さ（近接性）によって選ぶことが多いでしょう。この時期の仲間関係は不安定で変化しやすいのが特徴です。小学校中学年以降になると、仲間集団に属したい、仲間から受容されたいという欲求が強くなり、同性・同年齢の仲間と行動をともにするようになります（**ギャング・グループ**，第4章参照）。仲間だけに通用する約束事を決め、親の言うことよりも仲間との約束を大切にし、仲間との情緒的な結びつきをしだいに強めていきます。そうした仲間関係を経験することによって、生徒たちは集団で生活するための技術や知識を獲得し、親への依存的関係から脱していきます。

　小学校高学年から中学生になると、同性で共通の関心をもつ者同士が**チャム・グループ**をつくるようになります（第5章参照）。**チャム**は類似性をもつ者同士であるという安心感が集団の基盤となっており、異質性を集団から排除することによって集団が維持されます。**いじめ**という形で集団から排除したり、集団に同化するような圧力（**ピア・プレッシャー**、**同調圧力**）をかけたりすることもあります。ピア・プレッシャーは、友人関係の親密さを深めていくよいきっかけとなる一方で、学校でのいじめ、飲酒や喫煙などの逸脱行動を強いる方向に作用することもあり、深刻な問題を引き起こす危険性もあります。

　高校生以降には、互いの価値観や理想を知り、お互いを理解しようとする関係（**ピア**）が形成されます（第5章参照）。相手の異質性を排除するのではなく、異質性を受け入れ他者を尊重しようと試みるようになります。集団には異性も

含まれるようになり、年齢の幅も広がってきます。

　しかし近年の傾向として、典型的なギャング・グループは減少するとともに、携帯電話やSNS等を用いたコミュニケーションによりチャムの特徴が強化され、ピアへの移行が先延ばしにされている、とも指摘されています。

2．学級構造・集団力動の理解のための測定法

　教師は学級の状態に応じて、適切な働きかけを行うことが求められます。その情報を得る方法として、学級集団における生徒たちの人間関係を把握する検査があります。ここでは、ソシオメトリック・テスト、ゲスフーテスト、社会的距離尺度を紹介します。なお、検査を実施する際には、生徒にとって心理的な負担となり、交友関係に好ましくない影響が及ぶことがないように、配慮する必要があります。

　まず、**ソシオメトリック・テスト**とは、モレノ（Moreno, J. L.）によって考案された集団構造を把握する方法です。集団内における個人の選択（好感）感情と排斥（反発）感情をもとに、選択・排斥の基準となる具体的場面を示し、該当する人の名前をあげてもらいます（例：「自習時間に一緒に勉強するとしたらクラスのなかの誰と勉強したいと思いますか。クラスのなかの同性のお友だちの名前を3人まで書いてください」）。その結果をもとにその集団の構造や集団としてのまとまり具合と、個人の集団における地位などを測定するものです。なお、この検査は集団のなかで支援を必要とする個人を把握するには有効ですが、生徒がお互いを評価しあうという方法をとるため、自分がどのように評価されるのか心理的不安を抱くこともあり、実施上の難しさがあります。

　次に、**ゲスフーテスト**とは、ある社会的特性や行動傾向をもった級友の名前を尋ねる検査です。たとえば「困った友だちを助けてあげる優しい人」、「学級のリーダー的存在の人」、「授業中におしゃべりをしないでまじめに参加している人」などに該当する級友をあげてもらいます。

　社会的距離尺度とは、それぞれの級友について、どれくらい親しいかを5段階評価などで評定してもらう測定法です。たとえば、ある級友について以下の

どの評定に該当するかを回答してもらいます（「親友になりたい（5点）」「同じグループにいたい（4点）」「同じ学級にいたい（3点）」「同じ学年にいたい（2点）」「同じ学校にいたい（1点）」）。この手法では上記2つのテストで名前があがらない生徒が学級内でどのような人間関係に置かれているか把握できます。

3．学級風土の把握

　肯定的な学級風土を形成するためには、生徒が学級に対してどのように認識しているかを把握することが有効です。生徒たちの学級への認識について継続的なフィードバックが得られると、教師は学級への働きかけを客観的に省察し、より適切な指導となるよう工夫し、学級経営を改善することができます。

　生徒の学級への認識の実態を把握する方法として、**学級風土質問紙**（伊藤・松井, 2001）や **Q-U 学級満足度尺度** [1]（河村, 1998）などの質問紙尺度が活用されています。まず、学級風土質問紙は生徒が認識している学級風土について直接的かつ多面的に測定することができる尺度です。「学級活動への関与」、「生徒間の親しさ」、「自然な自己開示」、「学級への志向性」、「規律正しさ」などの側面についてクラスの様子を生徒に直接尋ねる方法です。

　Q-U 学級満足度尺度は、生徒の学級満足感（承認得点・被侵害得点）を測り、学級内の生徒の満足度の分布状態（図14-3）をもとに、間接的に学級風土をとらえる尺度です。「承認得点」とは先生や友達から認められていると感じるかどうかを示し（リレーションの確立）、「被侵害得点」とは友達にいじめやからかいなど嫌なことをされていると感じるかどうか（ルールの確立）を示します。図の分布から、学級集団の傾向について、満足型、管理型、なれ合い型、荒

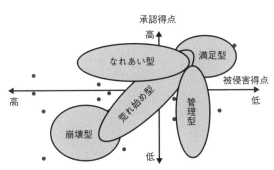

図14-3　Q-U 学級満足度尺度の分布からみた学級集団の特徴

れ始め型、崩壊型、などタイプ別に把握することができます。教師は、学級集団の状態を把握して、学級崩壊の予防や学級経営に活かすことが望まれます。

（本多　潤子）

【ま　と　め】

　児童生徒の仲間関係は近年では児童期に典型的な（　　）が減少するとともに、同質の集団である（　　）の特徴が強化され、異質性を受け入れる（　　）への移行が先延ばしされる傾向にあります。学級集団の仲間関係を把握する方法には、具体的場面の該当者をあげる（　　）、特定の社会的特性をもった級友をあげる（　　）、各級友との親しさを評定する（　　）などがあります。また、学級風土の把握には、直接的な（　　）と間接的な（　　）が使われています。

【コラム】主体的な学びを支えるための学級風土

　生徒たちの主体的な学びを支えるための学級風土について考えてみましょう。2016 年の中央教育審議会答申では「主体的・対話的で深い学び」を実現すべくアクティブラーニングによる授業改善の方向性が示されました。授業に議論や発表やグループワークなどの活動を組むには、まず生徒が安心して自分の考えや意見を発言できて、率直に意見交換する「一定のルールの共有」と「親和的な人間関係」が必要です。たとえば、生徒が見当違いの発言をしたとしてもからかわれたり批判されたりしない、また異なる意見を有する生徒が建設的に話しあうことのできる学級風土が必要なのです。生徒たちが無秩序に行動したり、不安や緊張が強くて協同活動を行えなかったりすると、そもそも学習が成立しない可能性もあるでしょう。近年「学級がうまく機能しない状況」にある学級が 1 割弱あるとも指摘され、現状の学級で主体的な学びの活動を実現するには、まずは前提条件としての肯定的な学級風土を形成していくことが必要でしょう。 これからの教師には、学級についての理解を深め、学級経営を継続的に改善していく姿勢が求められます。

【注】

1) Q-U (「楽しい学校生活を送るためのアンケート：Questionnaire-Utilities」の略) は標準化された心理検査で、上述した学級満足度尺度と、学校生活意欲尺度の2つの尺度で構成されています (hyper-QU にはソーシャルスキル尺度が加わる)。配慮の必要な生徒 (不登校やいじめ被害の可能性の高い生徒、意欲が低下している生徒など) を発見し、学級集団の状態も把握することができるので、個別指導や学級経営に活用されています。

【さらに学びたい人のために】

河村茂雄 (監修) 山谷敬三郎・鹿嶋真弓・根田真江・佐藤謙二 (編著) (2012). 集団の発達を促す学級経営──中学校　図書文化社：学級経営の事例に興味がある人におすすめです。

吉田俊和・三島浩路・本吉忠寛 (編) (2013). 学校で役立つ社会心理学　ナカニシヤ出版：学級づくりに活かす社会心理学の研究 (集団意思決定、社会的勢力、リーダーシップなど) についてわかりやすく紹介されています。

【DVD】プロフェッショナル　仕事の流儀　中学教師　鹿嶋真弓の仕事　人の中で人は育つ (2007). NHK エンタープライズ：いじめや学級崩壊のないクラスづくりを、学校ぐるみで進めている一人の教師に密着した番組です。

【引 用 文 献】

蘭千壽・古城和敬 (編) (1996). 対人行動学研究シリーズ2　教師と教育集団の心理　誠信書房

伊藤亜矢子・松井仁 (2001). 学級風土質問紙の作成　教育心理学研究, **49**(4), 449-457.

河村茂雄 (1998). たのしい学校生活を送るためのアンケート「Q-U」実施・解釈ハンドブック (小学校編)　図書文化社

河村茂雄 (2010). 日本の学級集団と学級経営──集団の教育力を生かす学校システムの原理と展望　図書文化社

三隅二不二・吉崎静夫・篠原しのぶ (1977). 教師のリーダーシップ行動測定尺度の作成とその妥当性の研究　教育心理学研究, **25**(3), 157-166.

Rosenthal, R. & Jacobson, L. (1968). *Pygmalion in the classroom: Teacher Expectation and Pupils Intellectual Development.* Holt, Rinehart & Winston.

第Ⅲ部

障　害

障害の理解①
～特別支援教育を知ろう～

*　　*　　*　　*　　*　　*

　「学習と発達の心理学」と「障害の理解」は、お互いに深く関連しています。学習や発達に関する心理学的知識は障害のある子どもの発達を支援する上でも役に立ちます。一方で、障害のある子どもについて知ることも、学習や発達についての理解を深めてくれます。子どもはそれぞれ異なる得意なことや苦手なことをもちながら、発達し変化していく存在です。障害について知ることは、学習や発達の多様性について教えてくれるのです。

第1節　ICF モデルによる障害理解

　障害のとらえ方は時代によって変化してきました。そして、障害をどのようにとらえるかによって、どう支援すべきかについての考え方も変わってきました。障害を理解するためには、まずそのとらえ方について知ることが必要です。

　1980 年、世界保健機関（WHO）が**国際障害分類**（ICIDH）という障害を分類するための枠組みを作りました。これは障害のとらえ方に関する国際マニュアルのようなものだといえます。

　ICIDH では、障害を単に生理的、解剖学的な**機能不全**のレベル（例：足の運動麻痺）でとらえるだけではなく、そのことによる**能力低下**（例：移動が困難）、またそれらの結果としての**社会的不利**（例：自分で買い物に行けない）という３つのレベルで階層的にとらえる視点がもたらされました。ただし、ここでは障害のネガティブな側面だけがとらえられていました。また生物学的な機能不全は能力低下をもたらし、必然的に社会参加が妨げら

病気 → 機能不全 → 能力低下 → 社会的不利

図 15-1　ICIDH による障害構造

れるというように、一方向的に障害を
理解していると誤解されることもあり
ました。

　これをふまえ、WHO は ICIDH を改
訂して**国際生活機能分類**（ICF）を作りま
した。ICF の特徴についてみていきま
しょう。

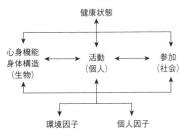

図 15-2　ICF の構成要素間の相互作用モデル

1. 障害の分類から生活機能・障害・健康の分類へ

　ICIDH は障害に限定された枠組みでしたが、ICF はあらゆる人の生活のしや
すさ・しにくさをとらえるための枠組みです。そのため、ICF では、障害とい
うネガティブな側面にだけ目を向けるのではなく、障害のある人のもつポジ
ティブな機能もとらえられるようになりました。

2. 生活機能をとらえる３つのレベル

　ICF では生活機能を**心身機能・身体構造**、**活動**、**参加**という３つのレベルでと
らえます。そして、それぞれのレベルに問題がある状態を**機能障害**（例：視覚機
能の障害）、**活動制限**（例：文字が読みにくい）、**参加制約**（例：学校での授業に参加しに
くい）と呼びます。

3. 環境因子の明示化

　ICF ではあらたに背景因子として**環境因子**が加えられました。これによって、
生活のしにくさは心身機能の障害だけで引き起こされているのではなく、環境
の要因も強く影響していることが示されました。そして、環境の調整による問
題解決を考えやすくなりました。たとえば、下肢のまひがあり、自分で買い物
に行けなくて困っている人がいるとします。従来の見方では、問題を解決する
には、訓練して歩く能力を伸ばすしかないと考えられるかもしれません。しか
し、ICF の見方では、車いすでも移動しやすいように店の作りや店への道を整

備するといった環境側からのアプローチを考えやすくなるのです。

　このように、ICF の枠組みによって、障害を多面的にとらえ、多様な支援の糸口を見つけやすくなりました。

> 【ま　と　め】
> 　障害のとらえ方は時代によって変わってきました。たとえば、WHO の国際障害分類、すなわち（　　　）は、近年（　　　）へと改訂されました。そして、生活機能の背景因子として、個人因子と（　　　）が位置づけられました。

∴∵∴∵ 第2節　特殊教育からインクルーシブ教育へ ∴∵∴∵

　2007 年度より、障害のある子どもへの日本の教育制度は**特殊教育**から**特別支援教育**へと転換を遂げました。では、何が、なぜ変わったのでしょうか。このことを理解するためには、まず世界における障害をめぐる考え方の変化を知る必要があります。

1．障害をめぐる考え方の変化
（1）ノーマライゼーション
　1950 年代、北欧のバンク・ミケルセンやニリエによって、「知的障害のある人の生活を通常の生活に可能な限り近づける」という**ノーマライゼーション**の理念が提唱されました。当時、多くの知的障害者は隔離された施設で劣悪な環境に置かれていました。このような事態への反省から、障害によって通常の環境への参加が制限されてはならないという考えが生まれたのです。この理念はその後の教育、福祉政策に大きな影響を与えました。
（2）特殊教育から特別ニーズ教育へ
　1994 年、ユネスコ・スペイン政府の共催で「特別ニーズ教育に関する世界

会議」が開かれ、**サラマンカ声明**が採択されました。この声明のなかで**特別ニーズ教育**が呼びかけられました。それまでの障害児への教育は特殊教育と呼ばれ、特殊な学校における障害に対する教育を意味しました。一方、特別ニーズ教育では、障害があるから特殊な支援をするのではなく、子どもが**教育的ニーズ**をもつから特別な支援を行う、ということが強調されます。そのため、支援対象は障害のある子どもに限られず、貧困や民族的少数派などさまざまな理由で**特別な教育的ニーズ**をもつ子どもに拡大されます。

（3）分離教育からインテグレーション、インクルージョンへ

　従来、欧米でも、障害のない子どもは通常学校、学習困難を抱える子どもは特殊な学校という安易な分離教育が行われていました。しかし、ノーマライゼーションの理念などを背景として、障害のある子どももなるべく同じ環境で教育を行おうとする**インテグレーション**が進められました。さらに、上述のサラマンカ声明ではインテグレーションをこえた**インクルージョン**が提唱されました。これらは類似していますが、異なる概念です。インテグレーションは「統合する」という意味で、分かれていたものを合わせることを指します。教育においては、別々に存在していた特殊教育と通常教育という２つの教育制度を統合することを意味します。一方、インクルージョンは「包括する」というような意味で、あらゆる子どもを包み込んでいく教育を目指します。教育においては、２つの異なる教育対象があるというようなことを前提とせず、そもそも多様であるすべての子どもを排除せずに包み込んでいけるよう、教育全体を変革していくことが目指されます。そしてこのような教育を**インクルーシブ教育**と呼びます。

2．日本における教育制度の転換

　障害者支援をめぐる考え方が世界的に変化していくなか、日本の障害児の教育制度も転換を迎えました。従来の特殊教育が2007年度から特別支援教育へと変わったのです。具体的に何が変わったのかについてみていきましょう。

（1）特別支援教育への制度移行

　①特別支援学校：障害種別に分かれていた盲学校（視覚障害）、聾学校（聴覚障

害）、養護学校（知的障害・肢体不自由・病弱）が**特別支援学校**に一本化されました。特別支援学校は、従来通りに１つの障害種だけに対応する場合も多いですが、可能な限り複数の障害に対応することが推進されています。また、特別支援学校は近隣の学校に在籍する障害児の教育についても助言や援助を行い、地域の特別支援教育の**センター的機能**を担うことが求められています。

②特別支援学級：特別な支援を必要とする子どものために、通常学校内に設置される学級です。従来は特殊学級と呼ばれていましたが、**特別支援学級**に変わりました。

③通級による指導：**通級による指導**では、通常学級に在籍する子どもを必要に応じて一定時間のみ、**通級指導教室**等に抽出して指導を行います。

④通常の学級：従来の特殊教育は養護学校や特殊学級という特殊な場での教育に限定され、通常学級に在籍する子どもは支援対象ではありませんでした。しかし、特別支援教育では、通常の学級の**LD、ADHD、自閉スペクトラム症**（第16章参照）、また、それらに類似する教育的ニーズをもつ子どもたちが支援の対象として位置づけられ、支援対象は大幅に広がりました。

通常の学級にはさまざまな子どもたちがいるため、特定の子どものみに焦点化した支援を個々に提供するだけでは対応しきれません。まずは、障害のある子どもを含めた全員が学習しやすいように教室環境や授業を見直す（**ユニバーサルデザイン化**[1]）、その上でそこに参加しにくい子どもを対象とした追加の支援を提供する、さらに必要な子どもには個別の支援を行うなど、階層的に支援を提供することが有効です（海津・田沼・平木・伊藤・Vaughn, 2008）。

また、こうした支援は担任だけで行えるものではなく、学校全体、さらに保護者や外部機関との連携が不可欠です。このため、学校全体で取り組みを共有するために**校内委員会**を開くこと、教師間および保護者や外部機関との連携を調整する**特別支援教育コーディネーター**を置くことなどが必要とされています。

（2）インクルーシブ教育の実現に向けて

2006年、国際連合で**障害者の権利に関する条約**が採択されました。この条約は障害者の人権及び基本的自由を守るために締約国に障害者の権利を守るため

の措置を求めています。日本も 2014 年にこの条約を批准し、国内の制度を整えました。そして 2016（平成 28）年には「障害を理由とする差別の解消の推進に関する法律（障害者差別解消法）」が施行されました。これをふまえ、学校においても、**基礎的環境整備**と**合理的配慮**の提供が求められています。基礎的環境整備とは、主として都道府県や市区町村など、学校の設置者が中心に取り組むものです。たとえば、障害のある子どももない子どもも学習に取り組みやすい設備を整備すること、特別支援の専門性をもつ教員の人的配置を整えることなどが含まれます。合理的配慮は、そうした基礎的環境を整備した上で、個別のニーズに応じて提供される変更や調整のことです。たとえば、読み書きに困難のある子どもにタブレット端末の使用を認めたり、医療的ケアの必要な子どもに部屋を用意したりすることがあるかもしれません。合理的配慮の提供にあたっては、子どもや保護者と学校とが連携し、丁寧な合意形成を図っていくことが重要となります。

　特別支援教育への転換を経て、現在もさまざまな整備が進められていますが、その理念の実現には多くの課題も残されています。本当にすべての子どもたちの教育的ニーズに応えられる教育を目指して、さらなる進展が求められます。

【ま と め】

　分離教育への反省をふまえ、障害児教育と通常教育の統合を図る（　　）が進められました。さらに近年では、様々な教育的ニーズをもつ子どもたちを包摂するように通常の教育制度全体を変革しようとする（　　）が目指されています。日本でも特殊教育が（　　）に転換され、2016 年には障害者差別解消法の施行をふまえて、基礎的環境整備と（　　）の提供が求められるようになりました。

∴∵∴∵∴∵∴∵ 第3節　障害の種類と概要 ∴∵∴∵∴∵∴∵

1. 視 覚 障 害

視覚障害は**盲**と**弱視**に分類されます。盲の子どもは、視覚以外の感覚を用いた学習が必要であり、点字を使用します。一方、弱視の子どもは、文字を拡大するといった特別な配慮のもとであれば、普通文字を用いた学習が可能です。彼らの支援においては、保有する視力の活用が重要です。そのために、見やすい環境の整備や補助具 (弱視レンズなど) の使用法の練習などが必要になります。

　いずれの場合にも、見えにくさは発達に大きな影響をもたらします。たとえば、子どもは見てまねることでたくさんのことを学びます。しかし、視覚障害のある子どもは、これが難しいために、日常的な動作や技術を一つひとつ教える必要があります。「見よう見まね」で学ぶ代わりに「手とり足とり」で学ぶ必要があるのです (佐島, 2006)。また、見えにくさによる学習の制限を克服するには、触覚情報をうまく利用して学ぶことが重要になりますが、視覚障害のある子どもは、手指運動の発達も遅れることが少なくありません。手指運動は、対象を見ながら触るという目と手の協応を通して発達するため、ここでも見えにくさが問題となるのです。したがって、発達の早期から触る楽しさを経験させ、積極的に手を動かして探索するよう促していくことが必要です。

　また、彼らは、言語と実世界を結ぶ手がかりが少ない状態で多くのことばを覚えていき、適切な概念やイメージが伴わずに、ことばだけが一人歩きしている**バーバリズム**と呼ばれる状態になりやすいと指摘されています。このため言語に適切な概念的理解を伴わせる教育的支援が求められます。

2. 聴 覚 障 害

聴覚障害は、聞こえの障害ですが、みなが同じように聞こえないわけではありません。聞こえにくさの程度は人によって異なります。また、損傷部位によっても状態は異なります。たとえば、外耳や中耳が損傷を受けた場合は**伝音難聴**、内耳や中枢処理機構が損傷を受けた場合は**感音難聴**と呼ばれます。伝音

難聴は補聴器の使用によって聞こえにくさが改善されやすいのに対して、感音難聴は改善が難しくなります。

　聴覚障害では、音声言語を利用しにくいために、コミュニケーションへの参加や言語の習得が大きな課題となります。音声言語に代わって聴覚障害の人のコミュニケーションを支える手段としては、手話があります。日本では、**日本語対応手話**（音声の日本語に対応した手話）と**日本手話**（日本語の文法等に拘束されない手話）、両者の中間に位置する**中間型手話**の３つが使われています。

　言語習得の支援については、さまざまなアプローチがあります。そのひとつの**聴覚口話法**では、音声言語の理解と表出を目指します。そのため、なるべく早期に補聴器をフィッティングし、保有聴力の活用を重視します。また、話し手の口の形から発話内容を読み取る読話の練習や音声表出のための構音の練習を行います。この聴覚口話法を補う形で提案されたのが**トータルコミュニケーション** (**TC**) です。TC では、聴覚、口話、指文字、手話、文字などあらゆる手段を統合的に利用します。また、**2 言語 2 文化教育**というアプローチも提唱されています。このアプローチでは、手話を聾者の第一言語とし、音声言語の習得を第二言語の習得と位置づけます。つまり、聾者の言語や文化をひとつの独立した言語・文化として尊重していこうとしています。

３. 知 的 障 害

　知的障害は、発達期（18 歳以前）に起きる知的機能の低下と適応行動の制約によって説明されます。適応行動の制約とは社会生活への参加に困難がある状態を指します。つまり、18 歳より前に、知能の遅れがあり、そのために社会生活への参加が制約される状態が生じた場合に知的障害と呼ばれます。

　知的障害のある人は感覚、知覚、注意、記憶、抽象的思考などさまざまな認知能力に遅れや偏りがみられます。また、言語発達や運動能力の発達にも問題がみられることが多くあります。認知、言語、運動等の発達の遅れや偏りはさまざまであり、一人ひとりの状態像は大きく異なります。

　これをふまえ、知的障害児への教育内容は独特なものになっています。教

育内容を組織した学校の教育計画のことを教育課程と呼びます。たとえばほかの障害種の小学部の教育課程は、通常の小学校と同様の内容（各教科、道徳、外国語活動、総合的な学習の時間、特別活動）と障害に基づく困難を改善し自立を図るための**自立活動**から構成されます。しかし、知的障害では、複数の教科や領域の内容を合わせて行う**各教科等を合わせた指導**が認められています（文部科学省, 2009）。これは、通常の学校と同様の教科区分では知的障害のある子どもの発達状態に適した教育を提供することが難しく、一人ひとりに合わせた柔軟な授業構成が必要だと考えられるためです。各教科等を合わせた指導には日常生活の指導・遊びの指導・生活単元学習・作業学習などが含まれます。

4. 運 動 障 害

　運動障害は**肢体不自由**とも呼ばれ、装身具の使用によっても日常生活における基本的動作が困難な状態を指します。運動障害の程度や原因はさまざまですが、近年の特別支援学校では、約9割が**脳性まひ**などの脳性疾患を原因としています。脳性まひの子どものおよそ7割には知的障害が伴います。また、呼吸障害、摂食機能障害などが伴い、医療的ケアを必要とする子どもも増えています。このため、運動障害の程度だけでなく、その他の障害があるかどうかによって、一人ひとりの状態像や必要な支援は大きく異なってきます。どのような教育内容が適切かという観点から、柳本（2008）は、①通常教育の教育課程に準ずる知的障害のない子ども ②知的障害の教育課程を適用する知的障害のある子ども ③教科よりも自立活動の指導を主体とする重度の知的障害のある子どもの3タイプに分類しています。

　運動障害のある子どもは、乳幼児期から養育者の介助を受けて生活しており、本人ができることもおとながやってしまっている場合があります。そのために、新しい技能を学習する機会や自分のやりたい活動を自分で考える機会が制限されてしまうこともあり、子どもの主体的活動を保障するかかわりが求められます。

　また、主体性を促進するには、自発的な意思を伝えるコミュニケーション手段を保障することも重要です。音声の表出が難しい場合には、**拡大・代替コミュ**

ニケーション（AAC）の使用が有効でしょう。たとえば、スイッチを押すと音声が表出される機器などが、AACとして開発されています。

　運動障害があって通常学校に在籍する子どもも少なくありません。彼らが学校生活に参加するには、エレベーターの設置や身体障害者トイレの整備などの環境整備が不可欠です。また、物理的なバリアフリー化だけでなく、教師やクラスメイトの態度といった人的なバリアも取り除いていくことが重要です。

5. 健康障害

　健康障害は**病弱・身体虚弱**とも呼ばれ、慢性的な疾患や身体虚弱のために、継続的な医療や特別な生活規制を必要とする状態を指します。疾患の種類はてんかん、気管支喘息、悪性新生物（小児がん）などさまざまです。

　健康障害児のための特別支援学校や特別支援学級の多くは、病院に隣接されたり、病院内に設けられています。東京都では、病院に隣接されていない独立した健康学園などもあります。

　健康障害のある子どもでは、遊びなどの経験不足、継続的、断続的な欠席による**学習空白**が大きな問題になります。また、病気への不安、家族や友だちと離れた生活での孤立感から心理的に不安定な状態にも陥りやすくなります。したがって、学習機会を保障するためにも、仲間との交流を通して心理的不安を低減するためにも、教育的支援を整えることが重要です。さらに、教育を受けている子どもの方が治療上の効果が上がりやすいといった指摘もあります（全国病弱養護学校校長会，2001）。

　健康障害はほかの障害種と異なり、短い期間に子どもの状態が変化しやすいという特徴があります。そのため、子どもの人数が変わりやすく教員の配置が難しい、学籍移動（転校）に伴う手続きの煩雑さから教育を受けられる期間が制限されるなど、ほかの障害種にはみられない特有の課題があります。これらの問題に対し、病院に訪問指導教員を派遣する、学籍の移動がなくても教育を受けられるようにするなどさまざまな試みが行われています。

（長澤真史・長崎　勤）

1) ユニバーサルデザインとは、障害のある人や特定の対象者だけでなく、できるかぎり多くの人が利用しやすいデザインのことです。たとえば、自動ドアは車いすの利用者だけでなく、ほとんどの人にとって利用しやすいデザインといえるでしょう。授業においてもゆっくり簡潔に簡潔に教示すること、イラストなどの視覚的手掛かりを活用することは、発達障害のある子どもだけでなく、多くの子どもの学習を支えるでしょう。

【ま　と　め】

・視覚障害は、盲と（　　　）に分けられます。

・聴覚障害のコミュニケーション支援において、音声言語の表出と理解を目指し、読話や構音の練習を行う教育方法を（　　　）と呼びます。

・知的障害は、知的機能の低下と（　　　）の制約の両方がみられる状態のことをいいます。

・運動障害は（　　　）とも呼ばれています。

・健康障害の教育においては、継続的な欠席による（　　　）への対応が必要です。

【さらに学びたい人のために】

大今良時（2013-2014）　聲の形　講談社：聴覚障害によっていじめを受けた少女といじめの中心となった少年のふれ合いを軸にした漫画作品。2016年には、アニメ映画化もされました。

文部科学省初等中等教育局特別支援教育課（2022）．障害のある子供の教育支援の手引──子供たち一人一人の教育的ニーズを踏まえた学びの充実に向けて　ジアース教育新社：特別支援教育に関する基本的な考え方や制度に関する情報がまとめられています。

青山新吾（2022）．インクルーシブ発想の教育シリーズ4　エピソード語りで見えてくるインクルーシブ教育の視点　学事出版：エピソードを通した読みやすい書籍です。特別支援教育の課題等について考える視点も提示してくれます。

【引　用　文　献】

海津亜希子・田沼実畝・平木こゆみ・伊藤由美・Vaughn Sharon（2008）．通常の学級における多層指導モデル（MIM）の効果──小学1年生に対する特殊音節表記の読み書きの指導を通じて　教育心理学研究，**56**（4），534-547.

文部科学省（2009）．特別支援学校学習指導要領［一括版］（平成 21 年 3 月告示）
〈https://www.mext.go.jp/component/a_menu/education/micro_detail/__icsFiles/
afieldfile/2009/09/09/1284518_1.pdf〉
佐島　毅（2006）．視覚障害　本郷一夫・長崎勤（編）　特別支援教育における臨床発達心
理学的アプローチ　別冊発達（28）　ミネルヴァ書房　pp.139-147.
柳本雄次（2008）．運動障害とその教育　中村満紀男・前川久男・四日市章（編著）　理解
と支援の特別支援教育　コレール社　pp.108-114.
横田雅史（監修）　全国病弱養護学校校長会（編著）（2000）．病弱教育 Q&A　PART I ──
病弱教育の道標　ジアース教育新社

障害の理解②
〜発達障害の理解と支援〜

＊　　＊　　＊　　＊　　＊　　＊

　特別支援教育への移行を経て、「発達障害」が注目を集めています。発達障害
のある子どもの多くは通常の学校に在籍しています。障害があるとは気づかれ
ず、必要なサポートを受けられないまま過ごしていることも少なくありません。
なかには、大人になってはじめて診断を受ける人もいます。ここでは、発達障
害とは何なのか、どのような支援が必要なのかについてみていきます。

∴∵∴∵∴∵∴∵ 第 1 節　発達障害の理解 ∵∴∵∴∵∴∵∴

　一般に教育分野で**発達障害**という時、LD、ADHD、自閉症／自閉スペクトラ
ム症（自閉症スペクトラム障害という表記も文部科学省で使われています）などを指しま
す。文部科学省が 2022 年に小・中学校を対象に行った調査では、発達障害に
みられる困難を示し、特別な支援を必要とする子どもは、通常の学級に 8.8％
の割合で在籍することがわかりました。したがって、通常学級の教師もこれら
の障害やその支援の方法について理解しておくことは必要不可欠だといえます。

1. LD（学習障害）

　教育分野において、**LD** は「全般的な知的発達に遅れはないが、聞く、話す、
読む、書く、計算する、又は推論する能力のうち特定のものの習得と使用に著
しい困難を示す様々な状態」と定義されます（文部省，1999）。つまり、全体的
には知的な遅れはみられないのに、特定の学習領域だけが極端に苦手な状態の
ことをいいます。表 16-1 は文部科学省が LD の調査に用いた質問項目の一部
です。ここに学習領域別の困難さの具体例が示されています。

表 16-1　文部科学省の用いた LD に関する質問項目の一部
(文部科学省初等中等教育局特別支援教育課，2022 より作成)

〈聞く〉
・聞き間違いがある(「知った」を「行った」と聞き違える)
・個別に言われると聞き取れるが、集団場面では難しい

〈話す〉
・適切な速さで話すことが難しい(たどたどしく話す。とても早口である)
・単語を羅列したり、短い文で内容的に乏しい話をする

〈読む〉
・文中の語句や行を抜かしたり、または繰り返し読んだりする
・音読が遅い

〈書く〉
・読みにくい字を書く(字の形や大きさが整っていない。まっすぐに書けない)
・漢字の細かい部分を書き間違える

〈計算する〉
・学年相応の数の意味や表し方についての理解が難しい
　(三千四十七を 300047 や 347 と書く。分母の大きい方が分数の値として大きいと思っている)
・簡単な計算が暗算でできない

〈推論する〉
・学年相応の量を比較することや、量を表す単位を理解することが難しい
　(長さやかさの比較。「15cm は 150mm」ということ)
・事物の因果関係を理解することが難しい

　これらの困難さは、脳の機能障害に関連したもので、本人の努力不足や親の育て方によるものではありません。したがって、ただ単に「くり返し練習してがんばれ！」と伝えるだけでは、十分な支援とはいえません。彼らは頑張ってもできない経験を積み重ねているのです。適切な理解が伴わない励ましは失敗経験を増やさせ、「どうせ自分はできない」という無力感につながりかねません。

　では、どうすればよいのでしょうか。それを考えるためには、子どもがなぜ特定の領域に困難を示すのか、その背景を理解しなくてはなりません。学習には、注意、記憶、情報の統合や分類といったさまざまな認知過程が関わっています。また、目から入ってくる視覚的な情報と耳から入ってくる聴覚的な情報では必要な認知過程が異なります。具体的な情報と抽象的な情報を処理する時では、異なる能力が求められます。LD の子どもは、これらの認知過程の特定

② 立って

③ 見る

① 木のうえに

図 16-1　漢字『親』の覚え方

の部分に障害があり、そのために特定の学習領域に困難を示すと考えられています。したがって、支援においては、認知過程のどの部分が苦手で、どこは得意なのかをきちんと把握し、その子にあった学習の仕方を提案していくことが重要です。

　たとえば、視覚的な情報の記憶は苦手でも、聴覚的な情報の記憶は得意な子どもがいるとします。この子どもが『親』という漢字を覚えるには、何度も視写をくり返して覚えるよりも、図 16-1 に示すように、「きのうえにたってみる」と声に出して耳で聞きながら覚える方が覚えやすいかもしれません。しかし、学校の授業では、皆が同じ方法で学習することを求められ、LD の子どもは苦手な学習方略を強いられていることが少なくないのです。

　このように、LD の子どもの支援では、学習困難の背景を把握することが必要不可欠です。子どもが認知過程のどの部分に困難をもつのかは、普段の様子や知能検査の結果などから総合的に判断されます。

　また、大人がその子にあった学習の仕方を提供するだけでなく、子どもが自分でどの方法がやりやすいのかを考えられるようにすることも重要です。とくに、小学校高学年にもなると、自分の認知過程について自分で考える、いわゆるメタ認知の力が高まります。この時期には、自分の得意な方法を自分で考えたり、それを自発的に活用できるように支援することも重要になります。

2．ADHD（注意欠陥多動性障害）

　ADHD とは**不注意、多動性、衝動性**を示す障害です。不注意とは、状況に合わせた注意のコントロールが難しい状態を指します。ぼーっとして教師の話を聞けない、気になるものに過剰に集中してやるべきことを忘れてしまうといった様子に見られます。多動性は、その名の通り、過剰に動きが多い状態を指します。衝動性とは、状況を考慮せずにぱっと動くというような衝動的な行動を

表 16-2　ADHD の診断基準の一部（DSM-5, 2013 より）

〈不注意〉
・話しかけられていても聞いていないことが多い
・外からの刺激ですぐに気が散りやすい
・その日にやることを忘れやすい

〈多動性〉
・手や足をよく動かしてそわそわしたり、椅子の上でもじもじすることが多い
・教室や座っていなければいけない状況で離席することが多い
・してはいけない状況で走り回ったり、あちこちよじ登ったりすることが多い

〈衝動性〉
・質問が終わっていないのに答えてしまうことが多い
・順番を待つことが苦手なことが多い

抑えにくい状態を指します。表 16-2 は ADHD の診断基準の一部を抜粋したもので、それぞれの具体例を示しています。

　不注意が強い場合は**不注意優勢状態**、衝動性や多動性が強い場合は**多動性 - 衝動性優勢状態**、両方がみられる場合は**混合状態**と呼ばれます。とくに多動性 - 衝動性優勢状態では、「座るべき場面で離席して立ち歩く」、「順番を守らずに衝動的に行動する」など、社会的に問題とされる行動として現れることが少なくありません。そのため、大人から叱られる機会が多く、自尊心の低下などの二次障害を起こす可能性が高くなります。一方、不注意優勢状態では「教師の指示を聞き逃す」、「忘れ物が多い」などの行動が目立ちます。これらは逆に表立った問題とならないために必要な支援が受けられず、失敗経験を自分の努力不足として自己評価を低下させてしまうことがあります。彼らの行動は脳の機能障害に関連したものであり、単に叱責して、本人の努力を求めるだけでは解決しません。ADHD の特徴や行動の背景を把握し、適切なかかわりを工夫する必要があります。

　ADHD への対応においては、問題となる行動が起きてからそれを叱るのではなく、行動が起きる前にサポートすることが大切です。そのためには、教室の配置や人のかかわり方など物的・人的な環境の調整が有効です。たとえば、「気の散りやすい物を撤去する」、「席を教壇の近くにする」、「一斉教示をする前に

教師に注目するよう個別に促す」などの対応によって、子どもが課題に取り組みやすくなったり、教示を聞き洩らしにくくなるかもしれません。

　また、社会的に問題とされる行動にも、それぞれ理由があります。したがって、なぜ子どもがその行動をしているのかを把握した上で対応することが必要です。たとえば、授業中に立ち歩く子どもの様子をよく見てみると、実は課題が難しい時に立ち歩いていて、立ち歩くことでその課題から逃れているということが見えてくるかもしれません。これをふまえれば、単に「立ち歩くのはだめ」と伝えるだけでなく、「わからない時は手をあげて先生を呼んでいいよ」と「立ち歩く」の代わりになる行動を提案できます。このように、子どもの行動をその前後の出来事から分析し、適切な行動に置き換えていく試みは、**応用行動分析**という方法においてよく用いられます。

　また、ADHD の症状には**薬物療法**も用いられます。ただし、薬は障害の根本的な解決をもたらすものではなく、注意力障害や多動性への一時的な効果をもつものです。また、「多動性を抑えて子どもを扱いやすくしたい」などの大人の都合で薬を用いてはなりません。薬は、学習機会を保障するといった子ども自身のニーズに基づいて使用される必要があります。

3. 自閉症

　自閉症／自閉スペクトラム症（ASD）は、①社会的コミュニケーションや対人的相互反応における障害、②限定された反復的な行動、興味、活動様式の両方が認められる障害であり、なんらかの脳の機能障害によるものと考えられています。ひとつ目の基準である社会的コミュニケーションについて、自閉という名称からみずから閉じた内気な性格と混同されることがありますが、これは誤りです。他者に関心を示しにくい場合もありますが、積極的に関わろうとする人もたくさんいます。ただ、ことばの発達に遅れが生じたり、一般的なコミュニケーションの仕方からずれたりすることが多いのです。2つ目の、限定された反復的な行動、興味、活動様式とはどのようなものでしょうか。たとえば、身体を揺らすといった行動をくり返す、特定のモノに熱中する、いつもと同じ順

番で活動することにこだわるなどの姿があげられます。また、自閉症のある人は、他の人が気にしないような音や光に過敏に反応したり、逆に痛みに鈍感だったりと、感覚処理における特異さが指摘されています。

　こうした姿の背景には、複数の要因が関係していると考えられます。いくつかの説明モデルが提案されていますが、そのひとつに**弱い中枢性統合**の理論があります (Fletcher-Watson & Happé, 2019)。細部を統合して全体を把握する傾向が低く、部分的情報を細かくバラバラにとらえる傾向が高いという特徴によって自閉症の状態像を説明する理論です。たとえば、保育園のホールで響き合う音を統合し意味づけにくいために、聴覚刺激が耐え難いものとなるのかもしれません。友だちとの会話において、さまざまな情報を統合して状況の文脈を把握しにくいために、会話の仕方が周囲とずれるのかもしれません。また、暗黙のうちに共有されている状況の文脈がつかみにくいために、「具体的ないつもの流れ」に頼る部分が大きくなるのかもしれません。私たちも、外国に出かけた時には、見通しの立ちにくさに不安を覚え、自分が確信をもてる流れ（例：一般的なホテルのチェックインの手順）や明示的な説明（例：パンフレットの文字情報）に依存することがあるでしょう。このように、自閉症のある人とそうでない人には、情報処理の仕方に違いがあると考えられています。そして、違いを知ることで、相手の立場を想像しやすくなり、共感的な相互理解につながるのです。

　自閉症のある子どもたちが、安心して、意欲的に活動することを支えるためには、子どもたちの姿から一人ひとりの違いを丁寧に把握し、その子なりの行動の理由を考えることが不可欠です。そして、考えられる理由に応じて、環境を調整し、かかわりを工夫していくことが求められます。具体的な手立てとしては、個々の感覚処理の特徴を把握し、活動に参加しやすいよう感覚刺激を調整すること（例：衣服のタグがチクチクするなら切りとる、蛍光灯の光が苦痛であれば薄い布で覆うなど）、状況の意味がわかりやすいよう環境を**構造化**すること（例：勉強の場所と遊ぶ場所を物理的に分けて、この場所はこれをする場所というようにわかりやすくする）、さまざまな情報を**視覚化**して明確に示すこと（例：活動の流れやルールを絵や文で説明し、見通しをもって参加しやすくする）などがあげられます。

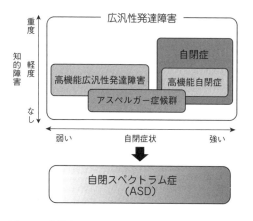

図16-2　自閉症スペクトラム障害に関連するカテゴリー

さて、最初にあげた自閉症／自閉スペクトラム症の基準は、米国精神医学会の「精神疾患の分類と診断の手引き」第5版（DSM-5）によるものです。第5版になる前は、自閉症のある人々は**アスペルガー症候群**などの下位のカテゴリーに分けてとらえられていました（図16-2）。しかし、研究の進展によって、そうしたカテゴリーで区切って自閉症のある人をとらえることに疑念がもたれるようになり、むしろ、さまざまな特徴が強い人から弱い人まで連続しているという**スペクトラム（連続体）**の概念が提唱されるようになりました。これをふまえて2013年に改定されたDSM-5では、自閉スペクトラム症ということばが使われるようになったのです（図16-2）。なお、ここで連続性が想定されるのは、自閉症の度合いといった単一の基準においてではありません。聴覚刺激の処理、ことばの学習の仕方など、さまざまな軸において、人々のあいだに連続的な違いがあると想定されます。そして複数の軸において、どのような特徴がどの程度みられるのかをとらえることで、目の前のその子を理解することに近づけるのです。発達や学習の進み方は、一人ひとり異なっており、多様なものです。自閉症をはじめとする障害のある子どもたちの姿は、そのことを教えてくれているといえます。

【ま　と　め】
・全般的な知的発達に遅れはないが、聞く、話す、（　　　）、（　　　）、計算するまたは推論する能力の一部に著しい困難を示す状態を（　　　）と呼びます。
・不注意や衝動性を示す障害を（　　　）と呼びます。

> ・自閉的な特徴は強い人から弱い人まで連続しているという考えから、
> （　　）という概念が提唱されるようになりました。

⁝⸫⸱ 第2節　よりよい支援、そして教育のために ⸱⸫⸱⁝

1. アセスメントに基づく個に応じた支援

　障害のある子どもへの教育においては、とくに一人ひとりに合わせた支援、すなわち、**個に応じた支援**を行うことが重要です。「4年生だからこれをやろう」とか「自閉スペクトラム症だからとりあえずこの方法を使おう」というように、年齢や障害の種類だけで支援の目標や方法を決めることは適切ではありません。同じ年齢や同じ障害でも、子どもによって、発達の進み具合や得意な学習の仕方などは異なります。したがって一人ひとりの子どもの実態を把握し、それをふまえた支援を行うことが欠かせません。以下では、個に応じた支援を行うための基本的なプロセスをみてみましょう。

　適切な支援を提供するためには、まずその子どもを知らなくてはなりません。支援方法を探るために、子どもについての情報を集めることを**アセスメント**と呼びます。具体的には、家庭や学校での行動観察、普段子どもと関わっている大人からの聞きとり、知能検査・発達検査などによって子どもに関する情報が集められます。そして、集められた情報から、現在の発達の状態、その子の得意な学習方略、苦手な学習方略などが判断されます。次に、これらのアセスメント結果に基づき、支援の計画が立てられます。ここでは、その子の発達の状態をふまえ、どのような目標が妥当なのか、その子の得意な学習の仕方を活かすためにはどんな方法が有効なのかなどについて考えます。そして、計画された支援を実行します。支援が終わってもそれで終了ではありません。実施した支援についてふり返ることが重要です。ここでは、目標がどの程度達成されたのか、どのような方法がうまくいった

図16-3　支援の基本的なプロセス

【コラム】知能検査

　一人ひとりの子どもについて理解するための有効な手立てとして、知能検査や発達検査があります。ここでは、現在よく使われている知能検査について紹介します。

　学齢期の子どもの支援においては、**WISC−Ⅴ**という知能検査がよく使われています。WISC−Ⅴは、10の下位検査から構成されます。そして各課題の結果から、全般的な知的能力の水準を示す**全検査IQ**（FSIQ）、また、**言語理解**（言語理解、言語表現）、**視空間**（視空間関係の理解等）、**流動性推理**（視覚的情報から概念を抽象化し応用する力等）、**ワーキングメモリ**（課題を遂行しながら情報を覚えておく力等）、**処理速度**（視覚情報の処理の速さ等）という5つの能力についての指標得点が得られます。このように、WISCの特徴は全体的な知的能力の水準だけでなく、**個人内差**、つまり、その人のなかでの得意な部分や苦手な部分の差を示せることにあります。とくに発達障害の子どもでは、全般的な知的能力には遅れがないけれども、個人内差が大きく、苦手なことは極端に苦手ということが少なくありません。その場合、苦手な部分に配慮したり、得意な部分をうまく活用することで、学習を援助することができます。たとえば、言語的記憶が弱い子どもには、説明する際に短く区切って簡潔に伝える工夫が必要かもしれませんし、視覚処理が強い場合には視覚的手がかりをうまく利用することが有効かもしれません。

　同じように個人内差を把握するために使える検査として、ほかに**K-ABCⅡ**や**DN-CAS**などがあります。K-ABCⅡでは、**継次処理**と**同時処理**という観点から、子どもの情報処理の仕方を評価します。継次処理が強い子どもは、順序や系列的関係を手がかりとして利用しやすく、たとえば書字学習では、筆順を意識して覚える方法が有効です。一方、同時処理が強い子どもは、大雑把に全体をふまえることが得意なので、筆順にはこだわらず、象形文字風に全体のイメージをもたせることが有効です。DN-CASでは、プランニング・注意・継次処理・同時処理という機能単位で評価を行います。それぞれの子どもにあった支援を行うには、これらの検査を使いこなす技術も求められるでしょう。

のか、修正すべき点はないかなどを評価します。この評価に基づいて、次の支援計画が立てられます。一人ひとりにあった支援を確実に提供していくためには、このプロセスをくり返し行っていくことが必要です。

2. 学習と発達の心理学と教育

　ここまで述べてきたように、個に応じた教育を行うためには、まずその子どもについて理解しなければなりません。しかし、単に子どもの行動を眺めているだけでは、なぜ子どもがそのような行動をするのか、なぜある課題を達成できたりできなかったりするのかを理解することはできません。適切な教育を行うためには、「できる」「できない」といった表面的なことだけでなく、「なぜそのようにふるまうのか」という行動の背景を理解しなければなりません。そして、そのためには学習や発達に関する心理学的知識が必要不可欠なのです。これらの知識をもって、目の前の子どもの行動を見ることで、子どもの行動の背景を把握し、それぞれにあった教育的支援を導き出しやすくなるのです。

　これは障害のある子どもの教育にだけ当てはまることではありません。当然ながら、障害のない子どもも、それぞれに異なる得意なことや苦手なこと、発達上の特徴をもっています。子どもたちは皆同じではありません。教師はあらかじめ決められた方法をすべての子どもに同じように適用していけばよいわけではありません。子どもたちの多様性を把握して、個に応じた支援を行うことが重要です。学習と発達の心理学はそのための力となるでしょう。

（長澤真史・長崎　勤）

【ま　と　め】
　個に応じた支援のためには、まず子どもに関する情報を集める（　　　）が必要です。その結果に基づいて、支援の計画を立て、実行し、評価します。支援においては、このサイクルをくり返して行うことが重要です。また、子どもの特徴を把握するためには、（　　　）や発達検査なども用いられます。

【さらに学びたい人のために】

小池敏英・雲井未歓（編著）(2013)．遊び活用型読み書き支援プログラム──学習評価と教材作成ソフトに基づく統合的支援の展開　図書文化社：読み書き困難の背景に想定される認知的特徴についてのわかりやすい解説、それに基づく具体的な支援方法の紹介があります。

田中康雄 (2019)．ADHD とともに生きる人たちへ──医療からみた「生きづらさ」と支援　金子書房：豊富な臨床経験をもつ医師による ADHD の解説や生活を重視した支援のポイントについて書かれています。

バリー・M. プリザント　トム・フィールズ - マイヤー (2018)．自閉症　もうひとつの見方──「自分自身」になるために　福村出版：多くのエピソードや当事者の声を紹介しながら、自閉症を多様性の中でとらえ直す視点を示してくれます。

【引 用 文 献】

American Psychiatric Association. (2013) *Diagnostic and statistical manual of mental disorders.* Fifth Edition: DSM-5. Washington, D.C.: American Psychiatric Publishing. (日本精神神経医学会（日本語版用語監修）髙橋三郎・大野裕（監修）染矢俊幸・神庭重信・尾崎紀夫・三村將・村井俊哉（訳）(2014)．DSM-5 精神疾患の診断・統計マニュアル 医学書院)

文部科学省初等中等教育局特別支援教育課 (2022)．通常の学級に在籍する特別な教育的支援を必要とする児童生徒に関する調査結果について
〈https://www.mext.go.jp/content/20230524-mext-tokubetu01-000026255_01.pdf〉

文部省（学習障害及びこれに類似する学習上の困難を有する児童生徒の指導方法に関する調査研究協力者会議）(1999)．学習障害児に対する指導について（報告）
〈https://www.mext.go.jp/a_menu/shotou/tokubetu/material/002.htm〉

Fletcher-Watson, S., & Happé, F. (2019). *Autism: A new introduction to psychological theory and current debate.* Foutledge（石坂好樹・宮城崇史・中西祐斗・稲葉啓通（訳）(2023) 自閉症──心理学理論と最近の研究成果　星和書店）

新2版にあたって

　本書は有難いことに実に多くの方々にご活用いただき、毎年のように増刷させていただき、数年おきに改訂を行ってまいりました。当初から初学者の皆様にとってわかりやすく読みやすい図書であることをコンセプトに、折々のニーズに対応して改良を重ね、初版から14年となる今年、お蔭様にて新2版を出すこととなりました。先の新版では文部科学省のコアカリキュラムに準拠するように、複数の章の増設と現代的ニーズに応じた加筆修正を行いましたが、今回もまた教育界の新たな動向に対応すべく項目の加筆を行い、加えて、改めて全体を見直して、いっそう理解しやすくなるよう表現の修正を行い、記載情報の刷新も致しました。

　ご活用くださる読者の皆様に支えられて、書名の通り、これからも「教職ベーシック」なエッセンスを盛り込んで、本書自体、発達し続けてまいります。そして、もし本書のコンセプトに共感いただける先生方がいらっしゃいましたら、是非、連携させていただき、さらなる発展ができましたらと期待致しております。

　本書をきっかけに、読者の方々が教職の道に心理学の分野に、関心を広げていかれることを心から願っております。

　　　　2023年12月　記録的な猛暑となった年の暮れに

　　　　　　　　　　　　　　　　　　　　　編著者　柏崎　秀子

──────────── ● 執筆者紹介 （執筆順） ● ────────────

柏崎　秀子（かしわざき　ひでこ）編者、序章、第 1・2・4・6 章
　奥付編者紹介参照

森野　美央（もりの　みを）第 3 章
　長崎大学教育学部准教授、乳幼児心理学・保育学、『新・はじめて学ぶこころの世界』
　（共著）北大路書房、『子どもを育む心理学』（共著）保育出版社

道又　紀子（みちまた　のりこ）第 5 章
　東京工業大学学生支援センター学生相談部門教授、臨床心理学・学生相談、「ストレ
　ス発散がへたな子の問題」『児童心理』金子書房他

宮脇　　郁（みやわき　かおり）第 7 ～ 9・12・13 章
　実践女子大学非常勤講師、認知心理学、教育心理学、特に記憶と学習、『認知心理学
　ラボラトリー』（共著）弘文堂、『イメージの心理学：心の動きと脳の働き』（共訳）早
　稲田大学出版部

伊藤　崇達（いとう　たかみち）第 10 章
　九州大学大学院人間環境学研究院准教授、教育心理学、『自己調整学習の成立過程：
　学習方略と動機づけの役割』北大路書房、『やる気を育む心理学［改訂版］』（編著）北
　樹出版

三宮　真智子（さんのみや　まちこ）第 11 章
　大阪大学名誉教授・鳴門教育大学名誉教授、認知心理学・教育心理学、『メタ認知：
　あなたの頭はもっとよくなる』中央公論新社、『メタ認知で〈学ぶ力〉を高める：認
　知心理学が解き明かす効果的学習法』北大路書房、『教育心理学』（編著）学文社

本多　潤子（ほんだ　じゅんこ）第 14 章
　元田園調布学園大学人間福祉学部准教授、発達心理学、『実践につながる教育心理学
　（改訂版）』（共著）北樹出版、『スタンダード教育心理学（第 2 版）』（共著）サイエンス社

長澤　真史（ながさわ　まさし）第 15・16 章
　関東学院大学教育学部講師、特別支援教育、『子どもと社会の未来を拓く障害児保育：
　インクルーシブな保育に向けて』（共著）青踏社、『これからの特別支援教育：発達支
　援とインクルーシブ社会実現のために』（共編著）北樹出版

長崎　　勤（ながさき　つとむ）第 15・16 章
　実践女子大学生活科学部教授、言語障害学・臨床発達心理学、『コミュニケーション
　の発達と指導プログラム』（共著）日本文化科学社、『自閉症児のための社会性発達支
　援プログラム：意図と情動の共有による共同行為』（共著）日本文化科学社

編著者紹介

柏崎　秀子（かしわざき　ひでこ）

（担当章：編者、序章、第1・2・4・6章）

実践女子大学教職センター　教授、公認心理師、臨床発達心理士
お茶の水女子大学大学院人間文化研究科単位取得退学、日本学術
振興会特別研究員、亜細亜大学、東京工業大学、を経て現職

専門：教育心理学、言語心理学

主著：『事例とクイズでわかる教育の心理学：発達・学習・生徒
　　　指導』福村出版、1997年（共著）、『シリーズ臨床発達心理
　　　学4　言語発達とその支援』ミネルヴァ書房、2002年（分
　　　担執筆）、『日本語教育のための心理学』新曜社、2002年
　　　（共編著）、『新・心理学の基礎知識』有斐閣、2005年（章
　　　共編・分担執筆）、『ことばの実験室：心理言語学へのアプ
　　　ローチ』ブレーン出版、2005年（分担執筆）、『ことばのコ
　　　ミュニケーション：対人関係のレトリック』ナカニシヤ出
　　　版、2007年（分担執筆）、『教師のための教育学シリーズ5
　　　教育心理学』学文社、2020年（分担執筆）、『有斐閣　現
　　　代心理学辞典』有斐閣、2021年（項目執筆）、『通常学級で
　　　活かす特別支援教育概論』ナカニシヤ出版、2021年（編著）

教職ベーシック　発達・学習の心理学［新2版］

2010年4月10日　初　版第1刷発行	
2016年4月1日　初　版第6刷発行	
2017年3月1日　改訂版第1刷発行	
2018年4月1日　改訂版第3刷発行	
2019年4月20日　新　版第1刷発行	
2023年3月10日　新　版第6刷発行	
2024年3月30日　新2版第1刷発行	編著者　柏崎　秀子
	発行者　木村　慎也

定価はカバーに表示　　印刷　新灯印刷／製本　和光堂

発行所　株式会社　北樹出版

URL：http://www.hokuju.jp

〒153-0061　東京都目黒区中目黒1-2-6

電話 (03)3715-1525（代表）　FAX (03)5720-1488